ATLAS
DE LA
FRANCE
INCROYABLE

Note de l'éditeur

Les Outre-Mer ont été inclus dans les cartes chaque fois que les données le permettaient. L'ouvrage ayant été conçu avant l'été 2014, il ne prend donc pas en compte la réforme territoriale incluant la nouvelle carte des régions, dont les grandes lignes ont été annoncées par le président de la République en juin 2014.

Couverture : Raphaëlle Faguer
Conception graphique : Raphaëlle Faguer
Réalisation graphique : Mélie Giusiano
Éditrice : Marion Chatizel

Photogravure : Quat'coul

ISBN : 978-2-7467-3894-2
Dépôt légal : octobre 2014
Imprimé et relié par l'imprimerie Pollina (France) - L69974.

Olivier Marchon

Cartographie d'Aurélie Boissière

ATLAS DE LA FRANCE INCROYABLE

Éditions Autrement

SOMMAIRE

PRÉFACE

C'est le livre essentiel que la France attendait. Enfin, la France, je ne sais pas, mais moi, je l'attendais cet atlas indispensable parce que parfaitement inutile. Inutile, je ne veux pas dire « vain, superflu, insignifiant » ! Non, je veux dire « bien plus beau ». (Me revient Cyrano.)
Je comprends que les économistes, les géologues, les historiens aient besoin de leurs atlas spécifiques. Si ça les aide, si ça les instruit, si ça peut les rassurer… Cet atlas-là, je vous préviens tout de suite, n'est pas pour les monomaniaques, les spécialistes, les professionnels de la profession… Non, il baguenaude. Il s'amuse, il prend les chemins de traverse. C'est un atlas pour rêver.
Un livre pour se poser des questions aussi. Pas n'importe lesquelles. Les bonnes. Comment s'appellent les habitants de Saint-Pompon ? Quelle bouille ont les natifs de Latronche ? Quelle tronche ont les âmes de la Bouille ? Se sent-on plus dégagé à Poil ? Le conseil municipal de Monteton n'a-t-il jamais envisagé de jumeler sa commune avec Corps, avec Bidon, avec Seix ? Existe-t-il un chef de gare à Cocumont ? Pleure-t-on à Bèze ? Baise-t-on à Pleure ? Oui, sans doute, comme partout. Comme ici et ailleurs. Comme à Angoisse où l'on ne vit sans doute pas moins sereinement qu'à Plaisir…
Mais on aurait tort de considérer cet ouvrage avec trop de légèreté. On y apprend des choses. « Comment voulez vous diriger un pays où il existe quasiment 246 manières de désigner la serpillière ? », disait à peu près le général tandis qu'Yvonne, dans les couloirs de l'Élysée, passait la wassingue…
Les enquêtes sur le bonheur ne classent généralement pas la France en tête de liste. Ce pays qui vante sa gastronomie, son vin, son goût pour l'amour est finalement dépressif, maussade, jamais content. Mais on aurait tort de jeter tous les neurasthéniques français dans le même panier géographique. Où est situé le bonheur en France ? Proche d'une centrale nucléaire ou d'un lieu échangiste ? Sous les ardoises ou sous les tuiles ? Sous la lauze ou les bardeaux ? Dans la région où l'on se fait le plus de bisous ou dans celle qui milite pour la saucisse au foie de porc ?
Où est situé le bonheur en France ? Notamment, dans cet atlas original et délectable, cultivé et joyeux, drôle et documenté.
Bonne lecture !

François Morel

1
TERRITOIRE

La France est
UN PAYS

GÉOGRAPHIE. La France est un pays situé à côté de la Belgique. Ses paysages sont variés, ce qui permet de moins s'ennuyer quand on se déplace en train ou en voiture. Son climat est océanique là où il pleut et méditerranéen là où il fait beau.

HISTOIRE. La France a une histoire trop longue pour être résumée ici, mais retenons trois dates importantes : l'élection de Hugues Capet en 987, la révolution de 1789 et la victoire en Coupe du monde de football en 1998.

POLITIQUE. La France est une république constitutionnelle unitaire semi-présidentielle. Avec à sa tête donc, un semi-président, probablement pour une question de taille. Le Parlement français est constitué de deux chambres, en revanche nulle trace de cuisine ou de salle de bains.

POPULATION. La France est peuplée de Français qui défendent farouchement leur exception culturelle contre les féroces soldats qui en veulent à leurs fils et à leurs compagnes.

ÉCONOMIE. La France est la 5e puissance économique mondiale, grâce notamment à ses exportations massives de sacs à main Vuitton et de *Chanel n° 5*. Elle est aussi la première importatrice de touristes au monde.

COMBIEN VAUT LA FRANCE? La France métropolitaine a une surface de 550 000 km^2. Sachant que le prix moyen du mètre carré de terrain constructible est de 135 euros (oui, d'accord, tout n'est pas constructible en France mais ça donne quand même une idée), on peut fixer son prix d'achat à 75 000 milliards d'euros. Mieux vaut attendre les soldes.

La France des géographes

- Point le plus bas
- Point le plus haut
- Centre du pays (barycentre)
- Point le plus éloigné de la mer

La France où il fait bon vivre

- Point le plus froid mesuré
- Point le plus chaud mesuré
- Plus gros coup de vent
- Plus gros cumul de pluie en un an

La France des solitaires (ou pas)

- Gouffre le plus profond
- Commune la plus densément peuplée
- Commune la moins densément peuplée

PETITES ET GRANDES CARACTÉRISTIQUES FRANÇAISES

BIENVENUE
à Maranville !

Avec 36 681 villes et villages, la France est le pays qui possède le plus de communes en Europe. Et on entend parfois, de-ci, de-là, quelques voix claironnant haut et fort qu'il faudrait en réduire le nombre pour que le pays gagne en « efficacité administrative ». Allons bon ! Ne serait-il pas dommage, pour une stupide histoire d'économies dans un pays déjà accablé par une abominable crise et au bord de la révolution, de voir disparaître certaines communes aux noms truculents ? Saint-Germain-de-Tallevende-la-Lande-Vaumont (Calvados), dont je défie quiconque de retenir le nom du premier coup. Saint-Amand-sur-Fion (Marne) dont les habitants observent sûrement un silence poli lorsqu'on les interroge sur leur lieu de résidence (surtout s'il s'agit d'un premier rencart). Ou encore Oz (Isère), qui est l'endroit où il vous faut absolument vivre si vous exercez le noble métier de prestidigitateur.

Mais tout n'est pas toujours drôle dans le monde des communes aux noms burlesques. À Chatte (Isère), le maire en a marre : chaque année, cinq à six panneaux d'entrée de son village sont discrètement subtilisés. Le cas n'est pas isolé : Montcuq (Lot), Verges (Jura), Poil (Nièvre)… autant de communes françaises bien nommées qui dépensent des sommes folles pour remplacer leurs panneaux disparus. Si on supprimait des communes en France, peut-être ferait-on des économies de service public… mais ne mettrait-on pas nombre de fabricants de panneaux au chômage ?

VAINQUEUR DU VILLAGE BURLESQUE LE PLUS…

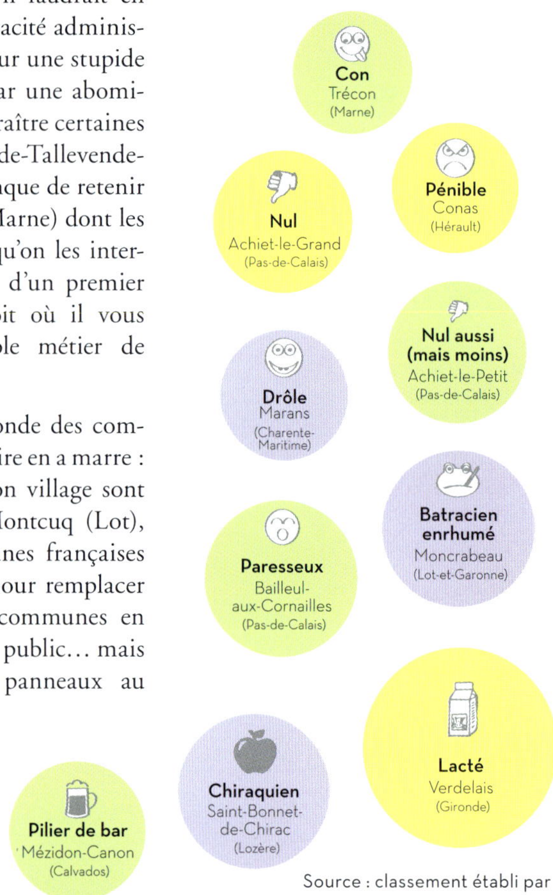

Source : classement établi par l'auteur.

LA FRANCE DES COMMUNES AUX NOMS COCASSES

Commune faisant partie de l'authentique Groupement des communes aux noms burlesques, pittoresques ou chantants

Commune pouvant prétendre à un futur Groupement des communes anatomiques

Commune pouvant prétendre à un futur Groupement des communes ultrasentimentales

Sources : http://communes-aux-noms-burlesques.fr/, 2014, hors Association des 73 communes Saint-Léger ; http://www.commune-burlesque.com/, 2014.

COMMUNE
et banale à la fois

Quel est donc le nom de commune française le plus banal ? L'équivalent pour les villes et villages de Martin pour les noms de famille… Pour le déterminer, outre une solide culture du terroir, il faut faire appel à la puissance des statistiques.

Grâce à elles, on apprend que 14 villes et villages de France s'appellent Sainte-Colombe, ce qui en fait le nom le plus répandu. Pour autant, un nom si sophistiqué ne peut décemment pas faire office de nom le plus banal. Non, il nous faut encore chercher…

On découvre alors que 4 398 villes et villages, soit près de 12 % des communes françaises, possèdent le terme « saint » (ou « sainte » – pas de discrimination) dans leur nom. Ce qui est de nature à faire de Le Saint, dans le Morbihan, l'archétype du nom de commune française. Mais impossible ici aussi de considérer comme un nom banal le titre d'une série télévisée britannique des années 1960 avec Roger Moore.

En creusant encore, on découvre que « saint » (décidément !), « mont » et « ville » sont respectivement les deux préfixes et le suffixe les plus présents dans la toponymie nationale. Aucune commune ne comportant à la fois les termes « saint » et « ville » dans son nom, c'est donc à Montville, petite ville de Seine-Maritime, que revient le privilège d'avoir le nom le plus commun des communes de l'Hexagone.

Montville… Enfin un nom simple et familier qui sent bon l'éternelle campagne française ! Et qui récolte au passage le titre de commune française au nom le plus banal. Et ça tombe bien, son maire s'appelle Martin…

LES PRINCIPAUX PRÉFIXES DES NOMS DE COMMUNES

LES SUFFIXES DES NOMS DE COMMUNES

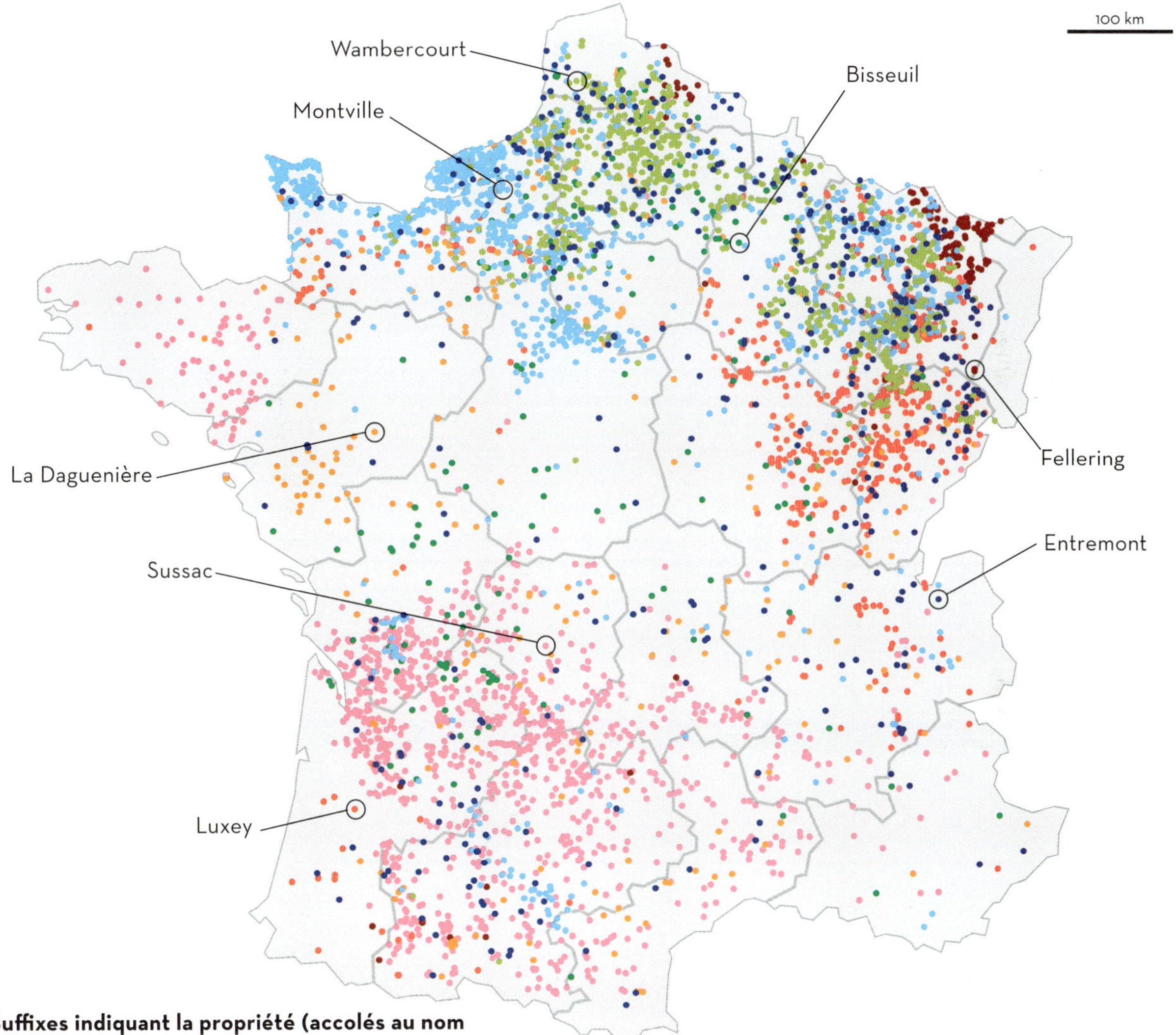

Suffixes indiquant la propriété (accolés au nom du propriétaire des lieux pour former un toponyme)

- Suffixe « ac » (*gallo-romain*)
- Suffixe « ey » (*gallo-romain*)
- Suffixe « ing » (*germanique*)
- Suffixe « ière » (*médiéval, féodal*)

Suffixes indiquant la nature des lieux

- Suffixe « euil » : domaine créé après défrichement (*celtique*)
- Suffixe « court » : ferme, domaine agricole (*germano-romain*)
- Suffixe « mons », « mont » : hauteur (*germano-romain*)
- Suffixe « ville » : domaine (*germano-romain*)

Toi, toi
MON TOIT

Comment se repérer sans smartphone, sans GPS, sans sextant, sans boussole?... Et sans non plus parler aux personnes qu'on croise sur sa route? Alors même que la seule chose dont on peut être sûr, c'est qu'on se trouve en France, quelque part... au XIXe siècle.

Une seule solution : lever les yeux et regarder les toits! De l'ardoise? Il y a de grandes chances qu'on soit en Bretagne ; si en plus il pleut, c'est certain, on y est bien. De la lauze? On se trouve probablement dans le Massif central. Du bardeau? Ce sont à coup sûr les Alpes. En revanche, la tuile est un problème! Présente un peu partout en France (sauf en Bretagne où l'on n'est pas à une originalité près), elle prend plusieurs formes selon les régions. Panne? Canal? Plate écaillée? Plate carrée?... Ça demande effectivement d'avoir un peu révisé!

Les plus confiants peuvent bien sûr considérer qu'il n'y a que très peu de chances de se faire téléporter sans smartphone en pleine cambrousse au XIXe siècle et dédaigner ces explications. Les plus anxieux apprendront la carte ci-contre par cœur : de nos jours, on n'est jamais trop prudent!

LES DIFFÉRENTS TYPES DE TOITURES TRADITIONNELLES

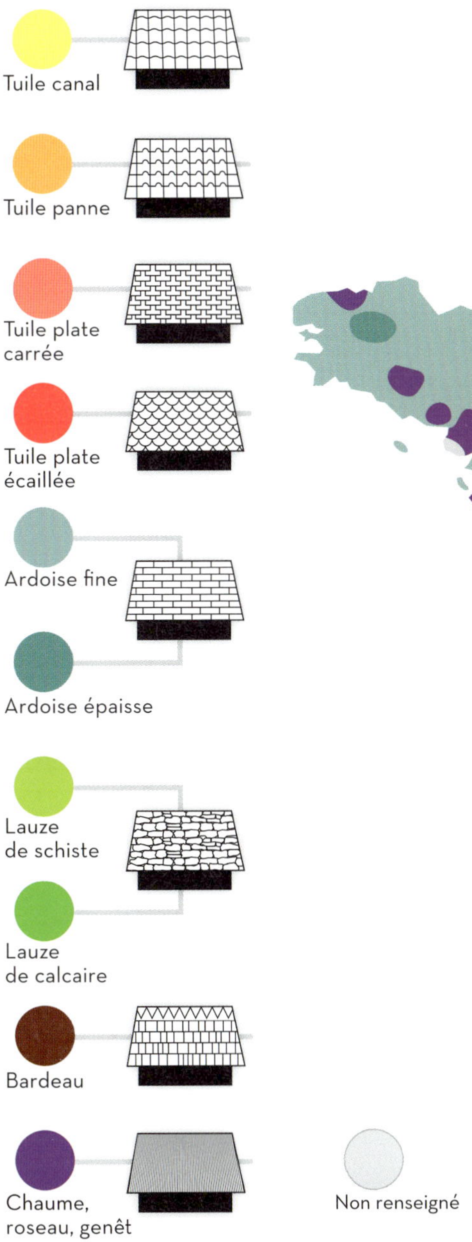

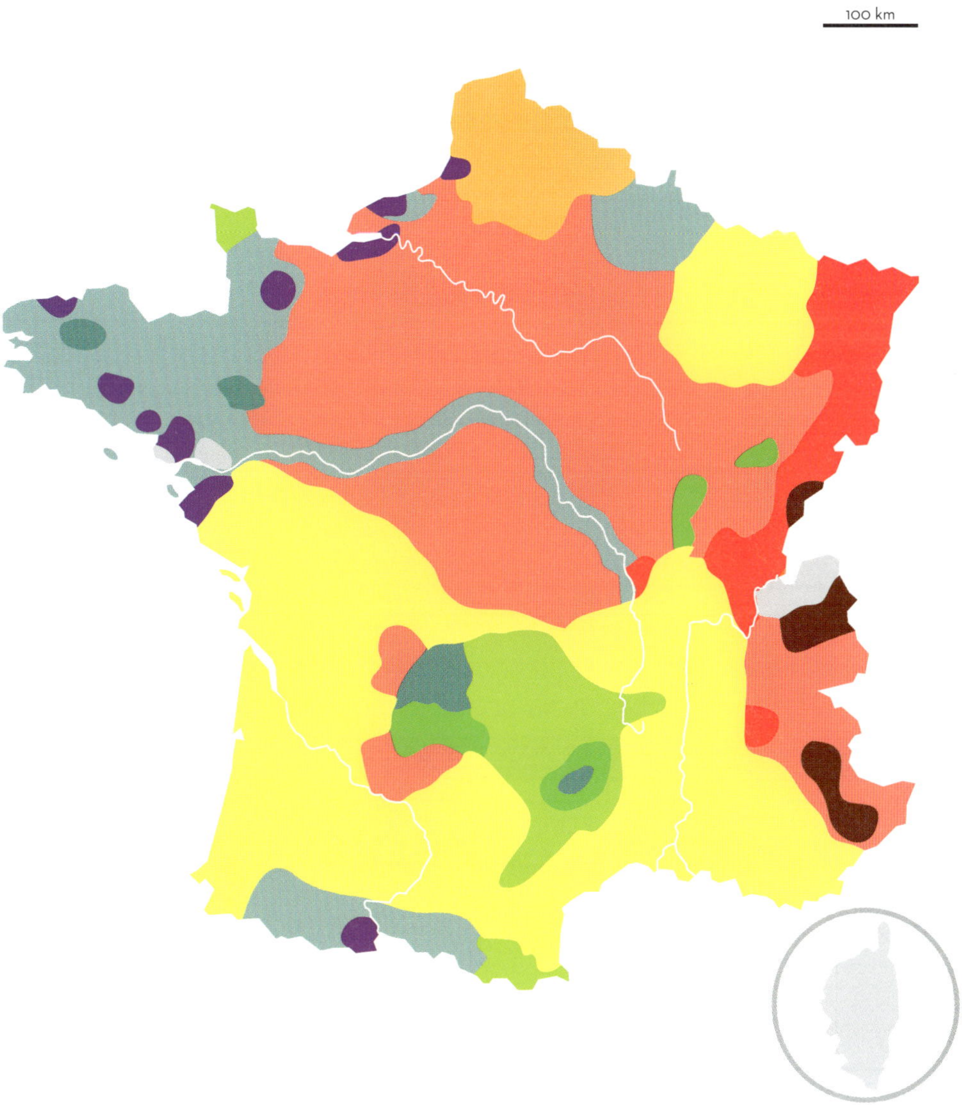

Source : O. Guyotjeannin, *Atlas de l'histoire de France, IXe-XVe siècle*, Autrement, 2005 ; données de J.-R. Pitte, *Histoire du paysage français*, tome I, Tallandier, 1983.

EN FRANCE,

on n'a pas de pétrole mais on a des centrales

Si vous avez été babacool dans les années 1970, vous avez sûrement eu envie d'aller élever des moutons en Ardèche. Aujourd'hui, après vous être fait couper les cheveux et avoir regardé la carte ci-contre, regrettez-vous vraiment de ne pas avoir concrétisé ce vieux rêve hippie ?

Les habitants de l'Ardèche ont en effet – tout comme ceux du Loiret d'ailleurs – tiré le gros lot : avec quatre centrales dans leur voisinage immédiat, ils ont une chance maximum d'être un jour les victimes d'un accident nucléaire. Si vous avez peur de l'atome, vous savez désormais où il faut ne pas habiter.

Mais alors, dans quel endroit de France est-on absolument certain d'échapper à la poussée d'un bras supplémentaire et de ne pas accoucher d'enfants phosphorescents – des choses qui pourraient par ailleurs (dans certaines circonstances précises, avouons-le) se révéler très utiles ? Est-ce en Corse, où le moindre projet de centrale serait probablement instantanément plastiqué ? Est-ce en Bretagne, où il n'y a aucune centrale et où les vents d'ouest repousseraient tout nuage radioactif émis à l'est ?

Vous aurez toutes les raisons de vous sentir en sécurité dans ces deux belles régions : on sait en effet depuis Tchernobyl en 1986 que les poussières radioactives respectent scrupuleusement les délimitations administratives… Mais sérieusement, un conseil : si vous avez vraiment peur de l'atome, n'habitez pas en France.

CENTRALES NUCLÉAIRES ET PÉRIMÈTRES DE SÉCURITÉ

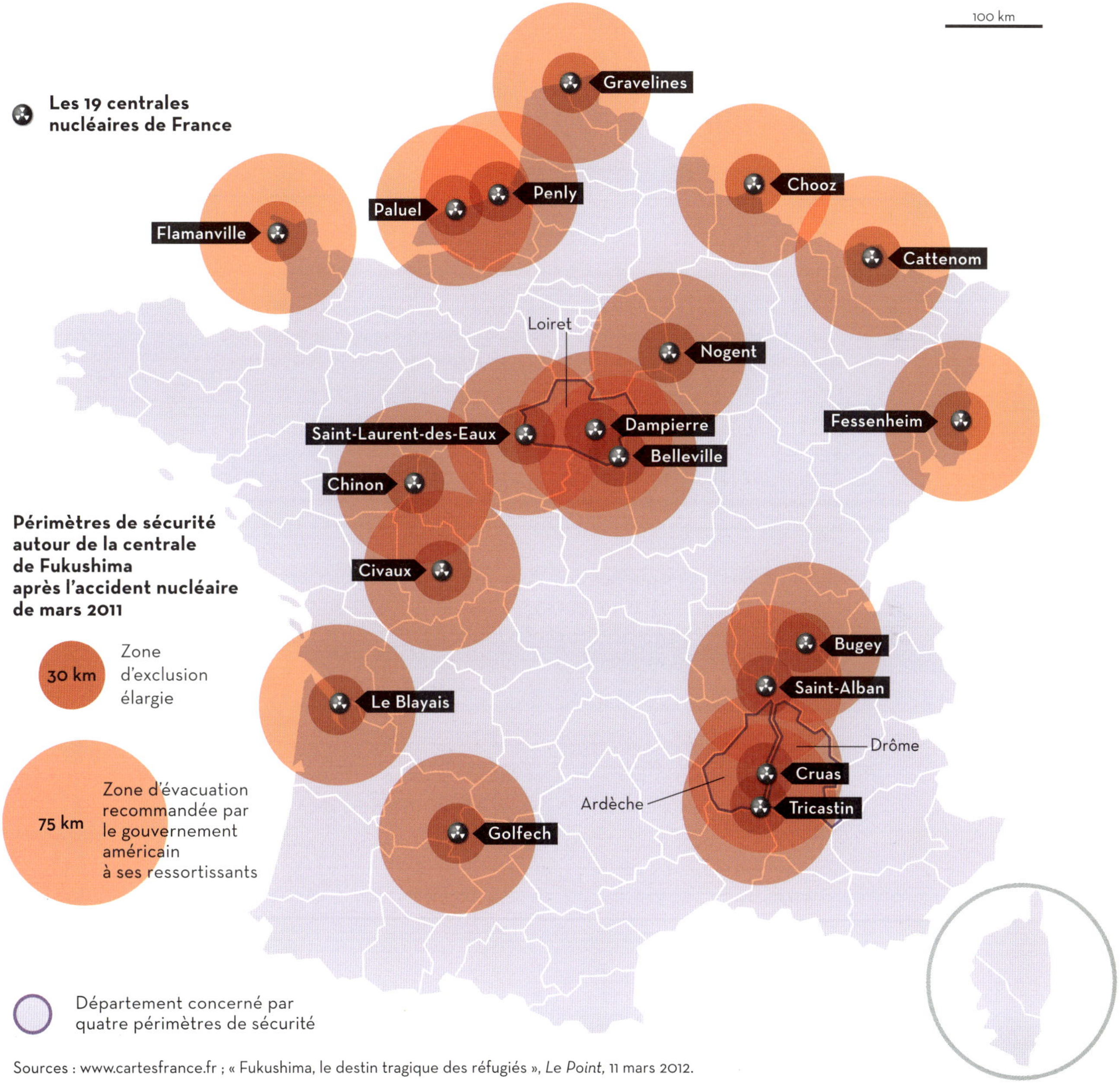

Sources : www.cartesfrance.fr ; « Fukushima, le destin tragique des réfugiés », *Le Point*, 11 mars 2012.

ATTENTION,
risque de châtaignes !

Il fait beau, vous bêchez tranquillement votre jardin et puis BOUM ! Votre bêche heurte un obus de 14-18 et vous perdez vos jambes… Ce n'est pas de la fiction : chaque année une dizaine de personnes sont tuées et une centaine d'autres blessées à cause de vieilles munitions enfouies dans le sol. Il y a certaines régions de France où il vaut donc mieux ne pas jardiner. Du côté des anciennes tranchées de poilus au Nord, ça paraît assez évident… En revanche, on comprend moins bien pourquoi au Pouzin aussi, ville d'Ardèche de 2 800 âmes, il vaut mieux ranger sa binette et ses envies de potager bio.

En fait, Le Pouzin est au mauvais endroit : sur le Rhône, coincé entre le Massif central et les Alpes, c'est un lieu hautement stratégique pour les militaires. Du coup, en 1944, ça castagne sévère au Pouzin : la ville est bombardée quatre fois de suite par les avions américains. Rien que le 6 août, 150 tonnes de bombes tuent plus de 30 personnes et détruisent tout le centre-ville. Le 1er septembre, la ville est libre… mais totalement en ruine !

Soixante-dix ans après, il vaut mieux cultiver la châtaigne dans l'arrière-pays ardéchois et ne pas risquer de s'en prendre une bonne en jardinant au Pouzin.

LES RISQUES LIÉS AUX ENGINS DE GUERRE

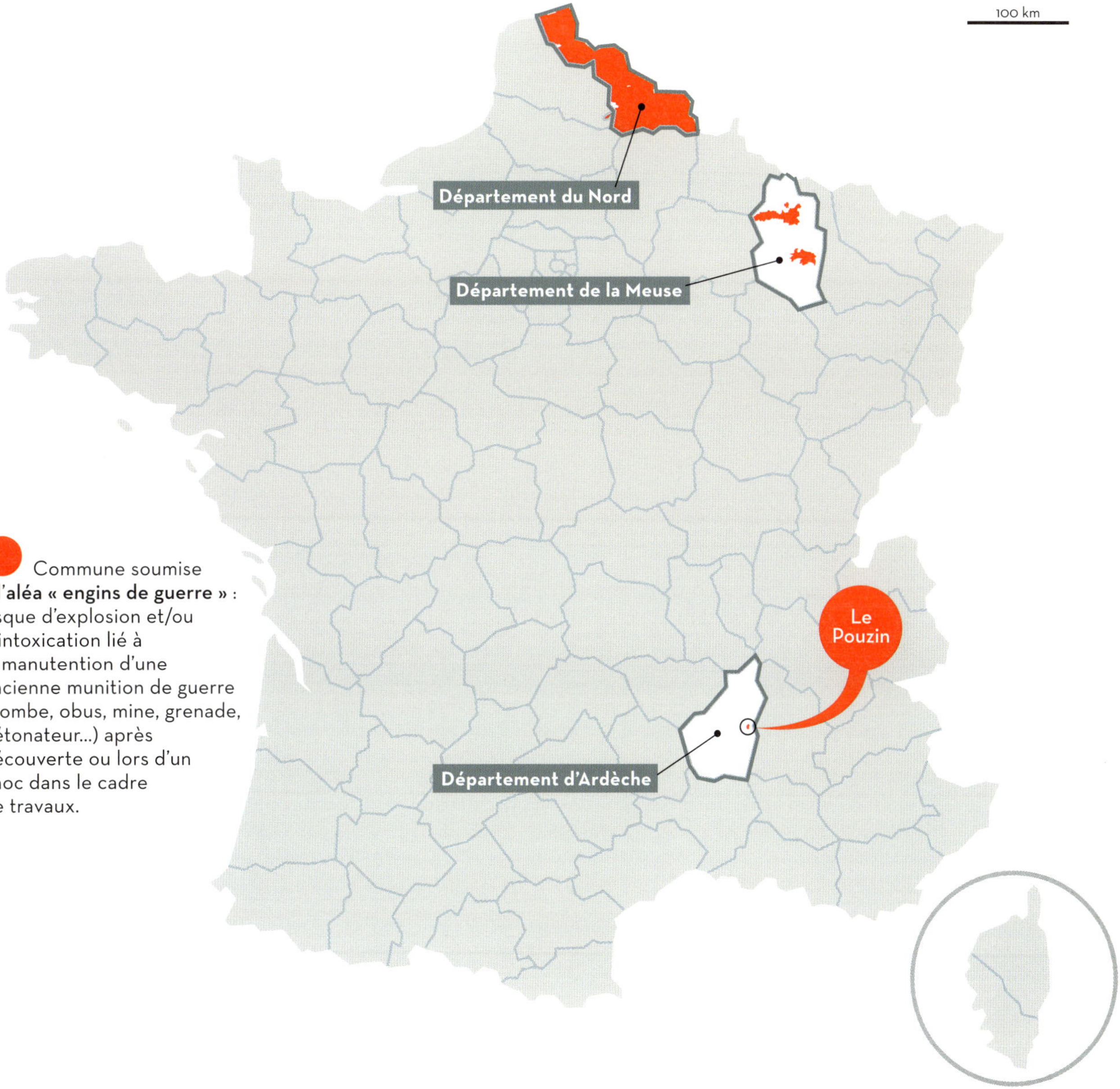

Commune soumise à l'**aléa « engins de guerre »** : risque d'explosion et/ou d'intoxication lié à la manutention d'une ancienne munition de guerre (bombe, obus, mine, grenade, détonateur...) après découverte ou lors d'un choc dans le cadre de travaux.

Source : base GASPAR, Direction générale de la prévention des risques, 2014.

2

HISTOIRE

Ceci n'est pas une FRANCE

Vous pensez que la France a toujours été un hexagone ? Eh bien non !

En 1031, c'était un quadrilatère moche (tendance losange). Ou, si on la restreint au domaine royal, de vagues taches informes aux alentours de Paris.

En 1812, c'était un… truc à la forme indéfinissable avec des bouts italiens et croates en supplément.

En 1031, Barcelone était dans les limites du royaume de France et son célèbre club de foot jouait donc en Ligue 1 (qu'on appelait encore à l'époque Première division).

En 1812, on ne rigolait pas beaucoup : en effet, les Flandres étaient françaises et il était par conséquent impossible de se raconter des blagues belges.

En 1031, les vacances étaient pourries : la Côte d'Azur était italienne, et juillettistes et aoûtiens étaient donc obligés de s'amasser sur les plages bretonnes battues par le vent et la pluie.

En 1812, la France comptait 130 départements, les Deux-Sèvres portaient le maudit numéro 75 et tout le monde détestait ses habitants.

En 1031, on était obligé de skier dans le Massif central.

En 1812, Rome était une ville française.

Bref, en 1031 et 1812, la France c'était n'importe quoi.

PLUS PETITE ET PLUS GRANDE FRANCE

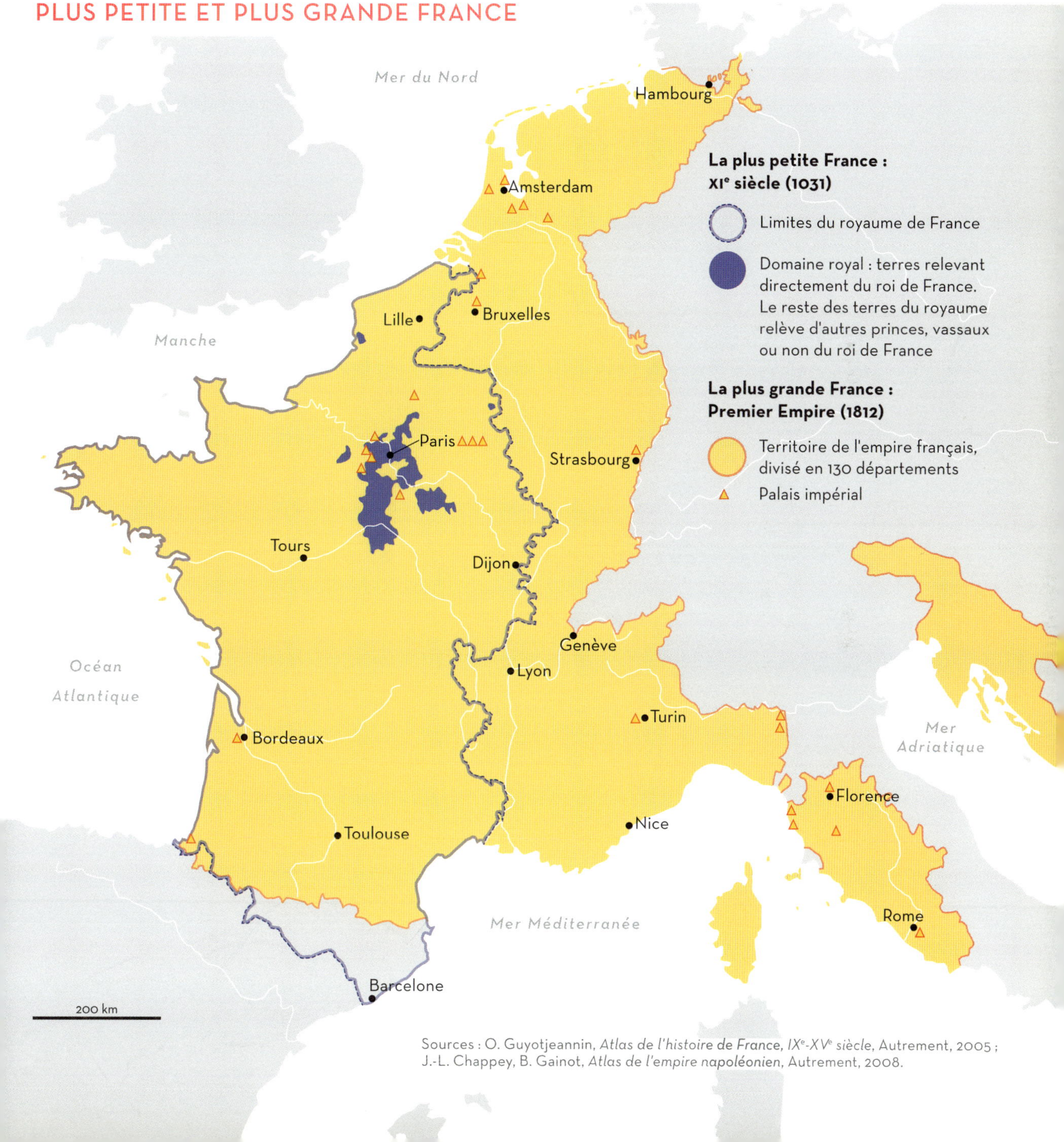

Sources : O. Guyotjeannin, *Atlas de l'histoire de France, IXe-XVe siècle*, Autrement, 2005 ; J.-L. Chappey, B. Gainot, *Atlas de l'empire napoléonien*, Autrement, 2008.

AUX ARMES

et cætera

C'est simple : au cours de son histoire, la France a été attaquée par toutes les hordes de barbares possibles ainsi que par la plupart de ses voisins. Et en regardant la carte ci-contre, on comprendrait presque pourquoi le pays a pris pour hymne la *Marseillaise*.

Je cite : « Entendez-vous dans les campagnes / Mugir ces féroces soldats ? / Ils viennent jusque dans vos bras / Égorger vos fils, vos compagnes ! » (premier couplet, bien sûr). Ou encore : « Quoi ! des cohortes étrangères / Feraient la loi dans nos foyers ! / Quoi ! ces phalanges mercenaires / Terrasseraient nos fiers guerriers ! » (troisième couplet, moins célèbre).

Bref, c'est vrai que y'a de quoi devenir parano et vouloir s'installer dans le Massif central, pour être peinard.

Mais c'est oublier à quel point les Français ont rendu la pareille à leurs ennemis : il n'est pas un peuple voisin qu'ils n'ont pas un jour attaqué eux aussi. « Français, en guerriers magnanimes, / Portez ou retenez vos coups ! / Épargnez ces tristes victimes, / À regret s'armant contre nous. » (cinquième couplet, qui mériterait d'être plus connu).

Alors : prenez la carte, gommez « invasions barbares » et « invasions médiévales », remplacez-les par des termes plus pacifiques comme « flux touristiques » ou « déplacements de vacanciers », et vous verrez, au premier coup d'œil, qu'elle vous semblera tout aussi exacte… Puis reprenez une vie normale.

LES INVASIONS DE LA FRANCE À TRAVERS LES ÂGES

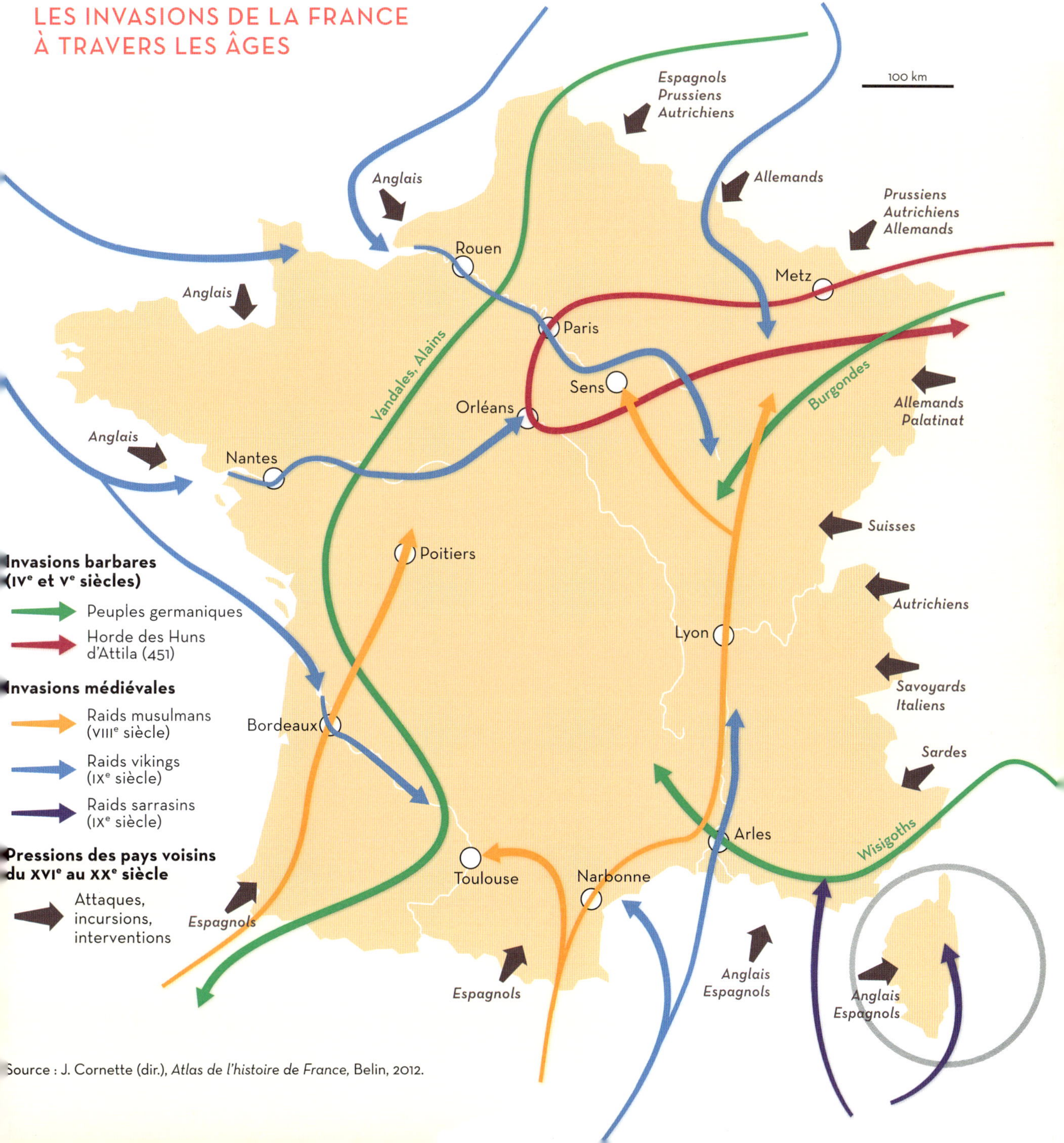

Source : J. Cornette (dir.), *Atlas de l'histoire de France*, Belin, 2012.

La France, FOUDRE DE GUERRE

Quand on examine la carte des batailles qui ont eu lieu sur le sol français, deux conclusions s'imposent. La première, c'est que si on veut éviter à l'avenir de se retrouver sous le feu de deux armées se combattant, mieux vaut habiter dans les Alpes, la Bretagne profonde, le Massif central ou l'Aveyron.

La seconde, c'est que les Français aiment décidément la castagne. En effet, selon l'historien britannique Niall Ferguson, la France a pris part à 50 conflits majeurs en Europe depuis 1495, et peut être par conséquent considérée comme le pays européen le plus belliqueux de l'histoire, devant l'Autriche (47 guerres), l'Espagne (44) et l'Angleterre (43).

Qui a gagné toutes ces batailles ? Il faut le dire : les Français, au cours de leur histoire, ont connu de nombreuses victoires. Certaines d'entre elles sont restées célèbres : Marignan, Austerlitz, Valmy… Mais en bons Français pessimistes et masochistes, on se souvient parfois plus des grandes déculottées : Azincourt en 1415 pendant la guerre de Cent Ans, Waterloo en 1815, et bien sûr la bataille de France en mai-juin 1940…

Après tant de massacres pour la gloire du roi, de l'empereur ou de la patrie, les Français ont bien le droit de temps en temps de montrer un peu moins d'ardeur au combat…

LES PRINCIPALES BATAILLES DE L'HISTOIRE DE FRANCE

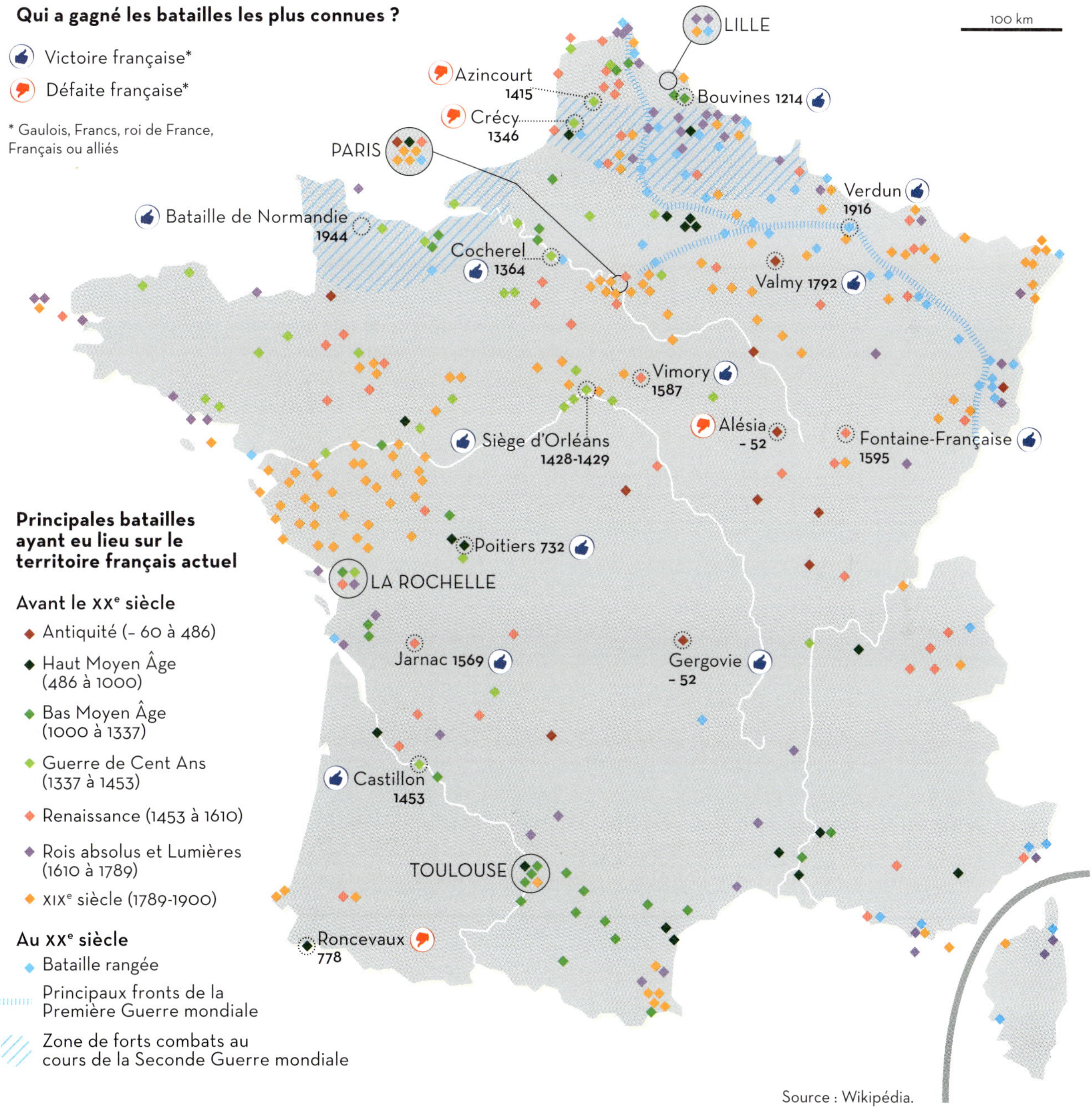

Source : Wikipédia.

LA FRANCE
au français

Pour devenir la langue dominante en France, le français a livré un combat acharné : il a fallu faire passer de nombreuses lois, inventer l'école (merci Charlemagne), la rendre obligatoire (merci Jules Ferry), en construire des dizaines de milliers et embaucher de vaillants instituteurs prêts à taper sur les doigts de leurs élèves à coups de règle pour leur faire oublier leur langue maternelle.

Le combat fut long : entre l'ordonnance de Villers-Cotterêts (1539), qui rend obligatoire l'usage du français dans la vie publique, et sa reconnaissance comme langue officielle dans la Constitution en 1992 (seulement!), il s'est écoulé près de cinq cents ans. Au bout du compte, le français a clairement gagné son combat contre les langues régionales, à tel point qu'aujourd'hui – ironie de l'histoire – on cherche à les préserver en permettant leur enseignement à l'école et en les qualifiant même en 2008 de « patrimoine de la France » dans la Constitution.

La langue française ne pouvait pas, bien sûr, rester longtemps sans ennemi, et l'anglais est bien vite venu jouer ce rôle. Une première loi en 1994 (loi Toubon) vise explicitement à protéger la langue de Molière de celle de Shakespeare. On semble oublier dans l'affaire que la parenté entre les deux langues est très forte, et qu'après tout, à travers l'anglais, c'est un peu le français qui gagne. N'oublions pas que la devise de la Couronne d'Angleterre est : « Dieu et mon droit » (en français dans le texte).

PATOIS ET LANGUES RÉGIONALES

Source : J. Boutier, *Atlas de l'histoire de France, XVIe-XIXe siècle*, Autrement, 2006.

Abracada BREIZ

La Bretagne, ce ne sont pas que les remparts de Saint-Malo, les îles du golfe du Morbihan ou la rade de Brest. Non, la Bretagne, c'est aussi des tas de légendes curieuses et parfois terrifiantes.

Il y a les lavandières de la nuit, ces femmes infanticides condamnées à laver leur linge de nuit et qui cassent les bras de ceux qui voudraient les aider. Il y a le Korrigan, un lutin qui ressemble à un gremlin ; parfois le Korrigan est gentil, parfois Ille-et-Vilaine, euh, il est vilain. Il y a la forêt de Scissy, dont on a longtemps cru qu'elle avait été engloutie par un raz-de-marée au Moyen Âge ; depuis, les scientifiques ont montré que, non non, Scissy n'a en fait jamais existé. Il y a les Portes de l'Enfer qui, curieusement, se trouvent juste à côté de la centrale nucléaire abandonnée de Brennilis… qui attend depuis 1985 son démantèlement.

Et puis il y a aussi la forêt de Brocéliande et le tombeau de Merlin, la ville disparue d'Ys, qui réapparaîtra le jour où Paris sera engloutie, l'Ankou et sa charrette grinçante, qu'il ne faut surtout pas croiser sous peine de trépasser dans l'année… Et, enfin, il y a la légende du Kouign-amann : celle d'un incroyable gâteau au beurre et au sucre. On dit que ceux qui en ont mangé une part peuvent mourir.

FLORILÈGE DES PRINCIPALES LÉGENDES BRETONNES

Personnages ou créatures légendaires

1. Dragon poussé au suicide par saint Pol au VIe siècle (s'est jeté dans la mer)
2. Fées d'eau proches des sirènes
3. Jeune femme légère en lien avec le Diable
4. Magicienne, la plus belle femme du monde
5. Noceurs changés en pierres
6. Princesse de Cornouaille régnant sur la ville d'Ys
7. Squelette à la faux personnifiant la mort
8. Druidesses ayant le don de calmer ou déchaîner les tempêtes et de prédire l'avenir
9. Leur tombe guérit ou porte bonheur
10. Fée maléfique
11. Sanglier blanc immortel chassé en vain par le roi Arthur
12. Le Barbe-Bleue breton
13. Créature nocturne à grand chapeau apparaissant en berger
14. Bateau transportant les âmes des morts
15. Femmes ou fantômes de femmes lavant leur linge la nuit, très dangereuses pour qui les approche
16. Gnome ou lutin, bienveillant ou non

Lieux mythiques

Ville engloutie — Forêt — Île — Lieu magique

Sources diverses dont « Contes et légendes de la mer », *Bretagne Magazine*, 2009.

LE JAMBON
de Jean-Jacques-Rousseau

À la Révolution, près de 1 200 villes et villages changèrent de nom : il fallait évidemment gommer tout ce qui pouvait rappeler le passé et c'est ainsi qu'Aiguevives-le-Roi devint très logiquement Aiguevives-la-République.

Mais l'imagination des révolutionnaires était sans limite, et des appellations comme Les-Sans-Culottes-de-la-Manche (Gerville) ou Montagne-du-Droit-de-l'Homme (Sorel-Moussel) frisaient l'emphase. À Saint-Jean-aux-Bois, on changea pour un étonnant La Solitude (y était-on fan de Léo Ferré ?) et à Entrée-Belle, on inventa le verlan en optant pour Bellentre.

L'usage prit finalement le dessus et de tous ces toponymes révolutionnaires, une cinquantaine peut-être survécut : c'est le cas de Toul, en Meurthe-et-Moselle, qui s'appelait Saint-Stanislas avant 1789.

Cependant, si tous les noms révolutionnaires avaient été gardés, on pourrait aujourd'hui manger du « jambon de Jean-Jacques-Rousseau » (Bayonne) en bronzant sur une plage d'Héraclée (Saint-Tropez). On pourrait monter les marches du palais des Festivals de Châliers (Cannes) et regarder à la télé le grand prix de Fort d'Hercule (Monaco).

Le Front national, quant à lui, aurait conquis en 2014 la mairie de L'Humanité… alias Hénin-Beaumont.

CES COMMUNES QUI ONT CHANGÉ DE NOM À LA RÉVOLUTION

Sources : *Les noms révolutionnaires des communes de France*, Société de l'histoire de la révolution française, 1901 ; *Atlas de la révolution française*, EHESS.

Les terres de la DER DES DERS

Le 11 novembre 1918, à 10h55, cinq minutes avant l'Armistice, le soldat Augustin Trébuchon meurt d'une balle dans la tête et devient le dernier militaire français tué de la Première Guerre mondiale. Hasard de l'histoire : il venait de Lozère, le département qui a payé le plus lourd tribut humain militaire de la guerre.

La répartition des morts du conflit n'est en effet pas homogène. Pendant longtemps, on a cru que certaines régions comme la Bretagne ou la Corse avaient été sacrifiées par les généraux. Il semble que ce ne soit pas si évident en Corse. Quant à la Bretagne, la jeunesse de sa population d'alors (et donc sa plus grande mobilisation) peut aussi expliquer les plus grosses pertes subies. La Manche a elle aussi payé lourdement son dû à la nation, pourtant on y trouve la commune de Beuzeville-au-Plain, l'un des rares villages de France à avoir vu revenir tous ses enfants du front.

Mais il n'y a pas eu que des pertes humaines. Lors de la bataille de Verdun en 1916, six villages ont été rasés par les canons et sont considérés aujourd'hui comme « morts pour la France ». Ils sont administrés chacun par un maire nommé par le préfet. En hommage à Fleury-devant-Douaumont, l'un de ces villages « morts », une commune de Normandie décida en 1917 d'adopter le nom de Fleury-sur-Orne, en remplacement de son nom d'avant-guerre : Allemagne.

« MORTS POUR LA FRANCE » PENDANT LA PREMIÈRE GUERRE MONDIALE

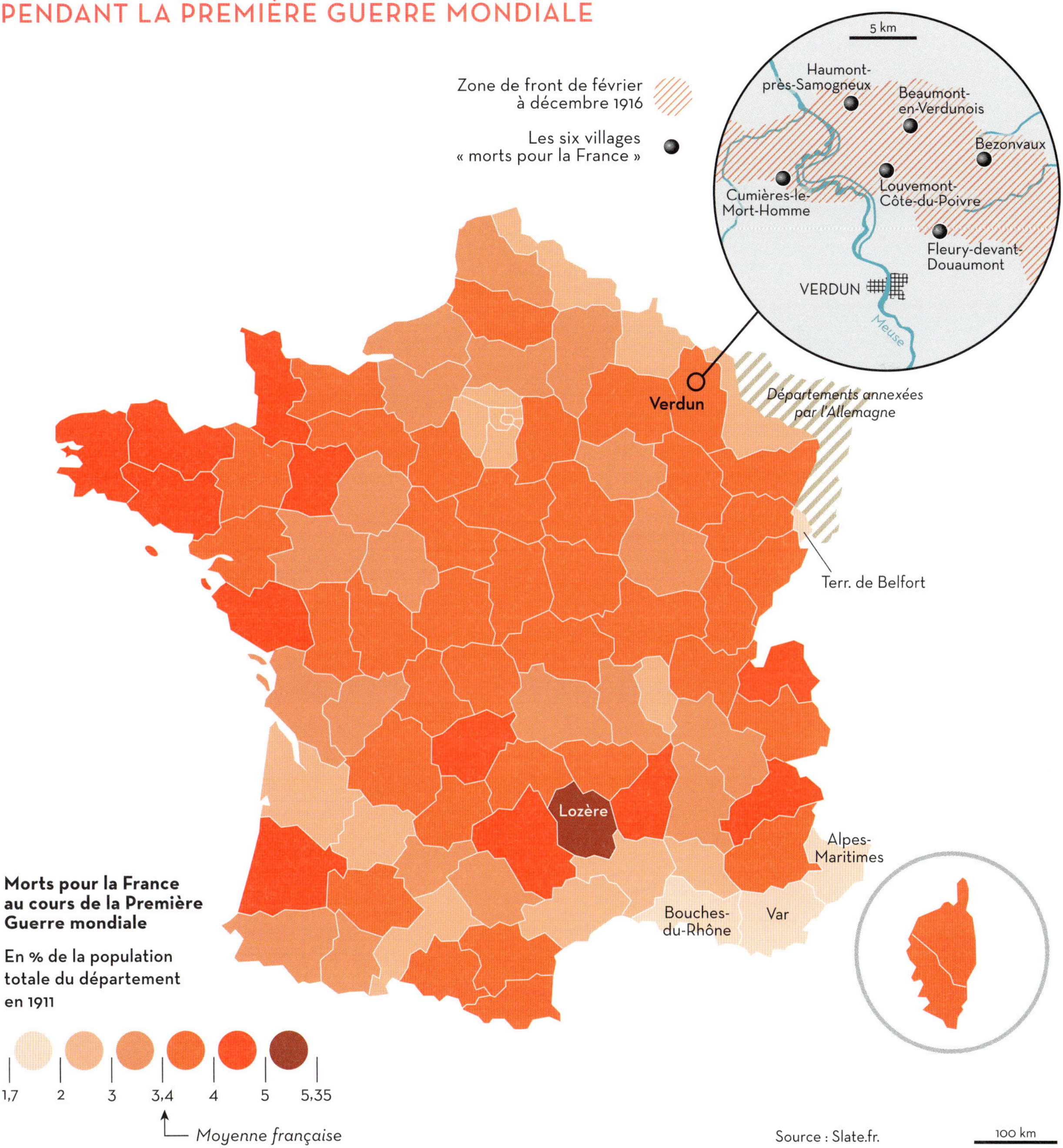

Source : Slate.fr.

Les rues du 18-Juin DE GAULE

Le 18 juin, c'est le jour de la bataille de Patay, lors de laquelle, en 1429, Jeanne d'Arc mit la pâtée aux Anglais. Le 18 juin, c'est aussi celui de la défaite de Waterloo, en 1815, qui contraignit Napoléon à l'exil. Est-ce pour cette raison d'ailleurs qu'il n'y a aucune rue du 18-Juin en Corse, terre natale des Bonaparte ? Le 18 juin, c'est également la fête nationale des Seychelles. Le 18 juin, c'est enfin l'anniversaire de Michou, célèbre trublion de la vie parisienne de la seconde partie du XXe siècle – 83 ans au compteur aujourd'hui.

Mais le 18 juin, c'est surtout le jour du célèbre appel de De Gaulle. En 1940, depuis Londres, par le biais de la BBC, le général exhorta les Français à continuer le combat contre l'Allemagne plutôt que de rendre les armes, comme le fit le maréchal Pétain quatre jours plus tard. Avec ce discours, très peu entendu sur le moment, Charles de Gaulle créait la Résistance…

S'il est a priori sûr et certain que c'est bien à cet événement que l'on pense lorsqu'on nomme une rue (ou une place, un boulevard, une avenue, etc.) du « 18-Juin » en France, curieusement, la Haute-Marne n'en possède aucune. C'est pourtant dans ce département que se trouve Colombey-les-Deux-Églises, fief historique de la famille du général, là même où on l'a enterré.

LES RUES DU 18-JUIN-1940 DANS LES COMMUNES DE FRANCE

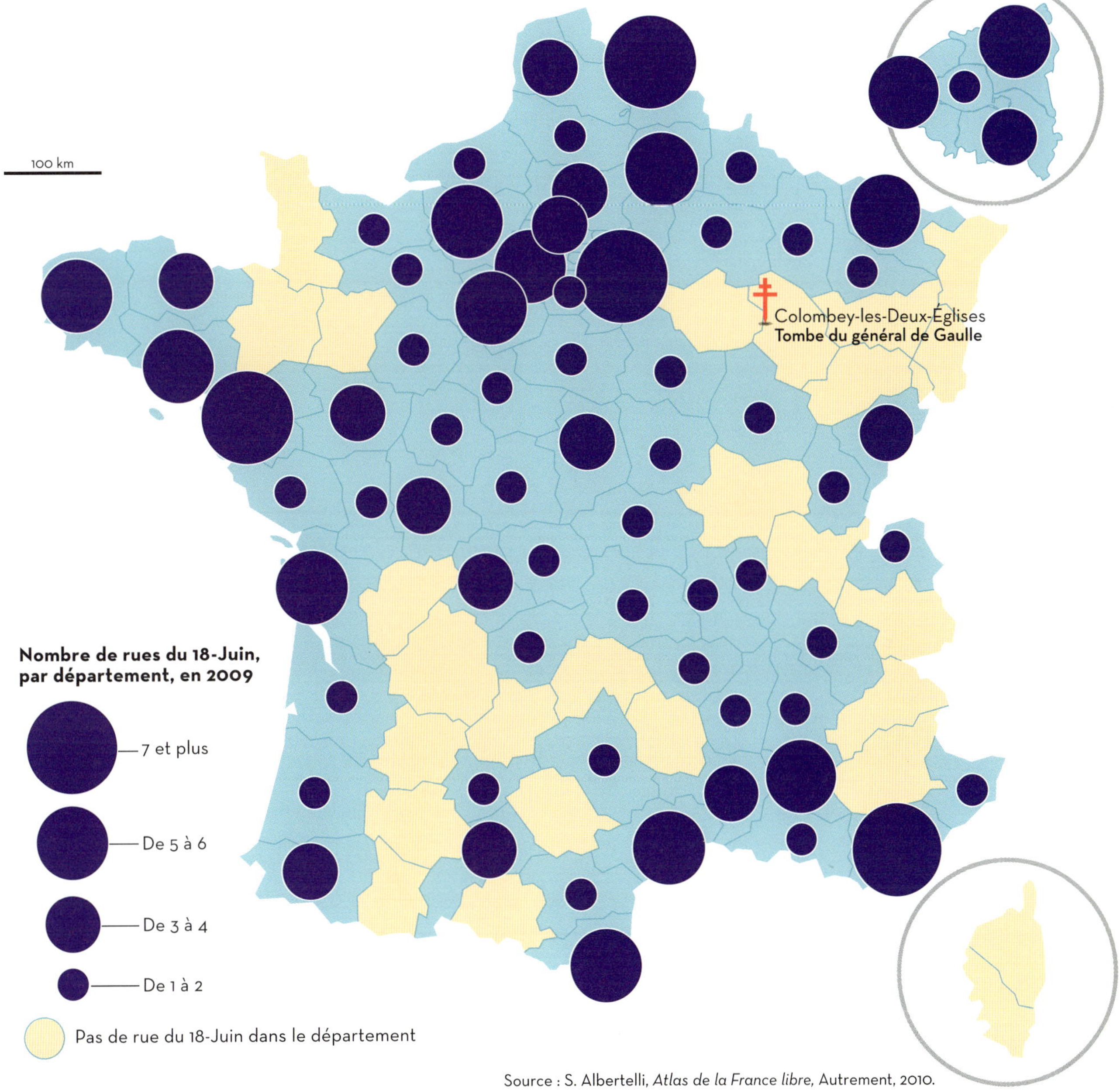

Source : S. Albertelli, *Atlas de la France libre*, Autrement, 2010.

3

POPULATION

LE BONHEUR

est dans le pré du gars qui habite au nord

Depuis qu'Enrico Macias le chante et que Dany Boon enfonce le clou dans ses films, on sait tous que « les gens du Nord ont dans le cœur le soleil qu'ils n'ont pas dehors » : c'est devenu un cliché. Apprendre alors par une étude scientifique que c'est bien là qu'on est le plus heureux en France, ça agace. N'en rajoutez plus, on a compris : c'est bien là-haut, où pourtant il fait moche, qu'on a le plus la frite… Mais comment font les nordistes ?

Et leurs voisins picards ? Ils sont en bonne santé alors qu'ils n'ont pas de travail. « Le travail c'est la santé », dit pourtant l'adage. Certes, mais « ne rien faire, c'est la conserver », chantait Henri Salvador. Il avait raison, les Picards en sont la preuve.

Que retenir d'autre de cette étude ? Que les Champenois se sentent seuls car niveau famille et amis, c'est pas le top. Ou que les Bas-Normands sont paradoxaux : sans mari ou femme à la maison, ils ne se sentent pas libres pour autant.

Et pourquoi les plus malheureux de France sont-ils en Franche-Comté ? Ne cherchez plus le responsable, il s'agit de Jacques Brel ! Déprimant toute une population en préférant quitter Vesoul dans la chanson du même nom, il chantait parallèlement les louanges de son plat pays… Une contrée qui ressemble beaucoup au nord de la France : la boucle est bouclée.

PALMARÈS DES RÉGIONS LES PLUS HEUREUSES

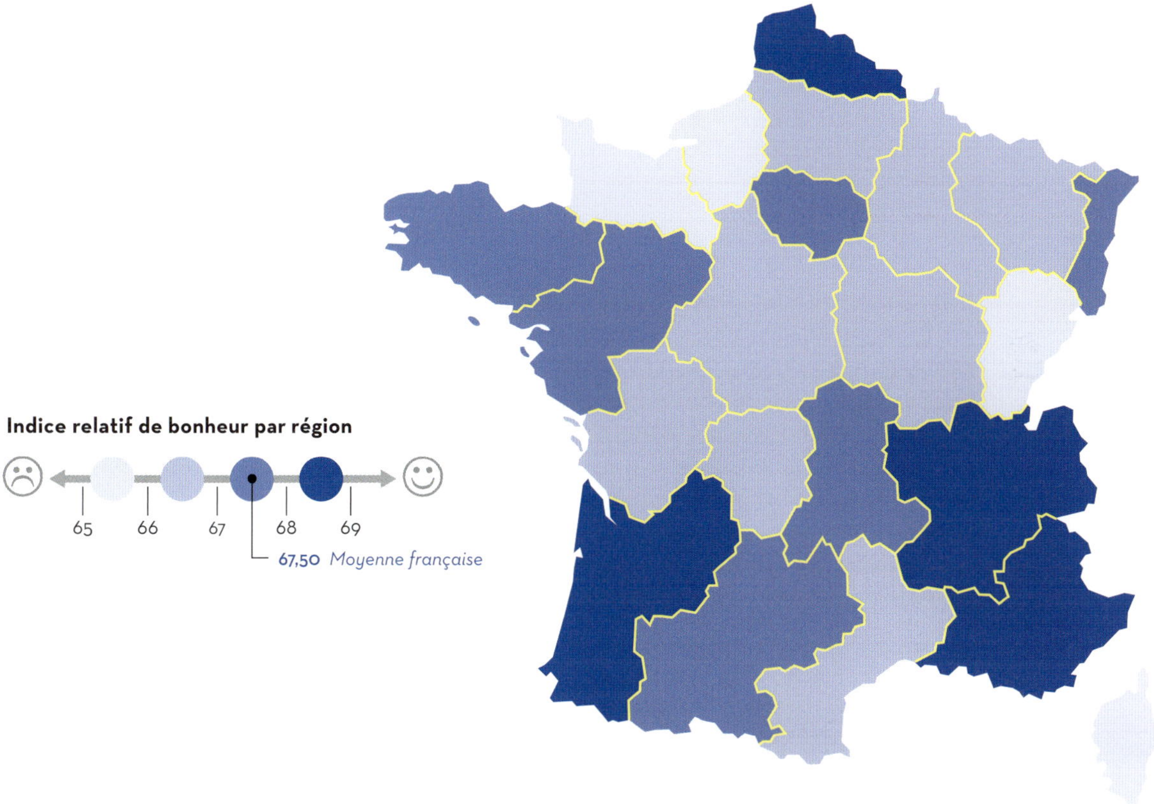

RÉGIONS LES PLUS HEUREUSES PAR FACTEUR D'INFLUENCE :

Pays de la Loire (accomplissement et famille), **Picardie** (santé), **Auvergne** (travail), **Rhône-Alpes** (argent), **Aquitaine** (amour), **Champagne-Ardenne** (liberté), **Île-de-France** (reconnaissance), **Midi-Pyrénées** (amitié), **Lorraine** (sérénité).

RÉGIONS LES MOINS HEUREUSES PAR FACTEUR D'INFLUENCE :

Picardie (accomplissement, travail et reconnaissance), **Franche-Comté** (santé et sérénité), **Champagne-Ardenne** (famille et amitié), **Languedoc-Roussillon** (argent), **Basse-Normandie** (amour et liberté).

Source : *IRB France 2013*. Résultats issus d'un échantillon de 21 701 répondants français qui ont complété le questionnaire IRB entre 2010 et le début 2013.

BRITISHLAND

La liste de ceux qui n'ont eu de cesse de tenter de bouter les Anglois hors de France est longue : Du Guesclin, Jeanne d'Arc, Napoléon, Serge Blanco… Mais aucun finalement n'a réussi. Eh oui, mille ans après les débuts de la rivalité franco-anglaise, ils sont toujours là ! Et bien malin celui qui essaiera de les déloger. C'est particulièrement évident en région Poitou-Charentes, où les Britanniques possèdent aujourd'hui les trois quarts des résidences secondaires appartenant à des étrangers. Et c'est sans compter les résidences principales ! Mais pourquoi les *rosbeefs* veulent-ils absolument s'installer chez nous, les *froggies* ?

Les Britanniques perpétuent en fait une très ancienne tradition. Déjà au XIVe siècle, leurs ancêtres profitaient en masse des douceurs d'une Aquitaine leur appartenant. Plus tard, dès la fin du XVIIIe siècle, c'est la « French Riviera » qu'ils investissaient pour les vacances… En définitive, chaque fois qu'un Britannique vient en France, c'est pour y trouver ce qu'il n'a pas chez lui : vins fins, mets délicieux, climat doux…

Mais après tout les Français font pareil : ils sont entre 300 000 et 400 000 installés à Londres. Pour profiter de la pluie, de la viande de mouton bouillie et des *jellys* ? Non, pour y trouver le boulot qui manque ici !

PRÉSENCE DES BRITANNIQUES EN FRANCE

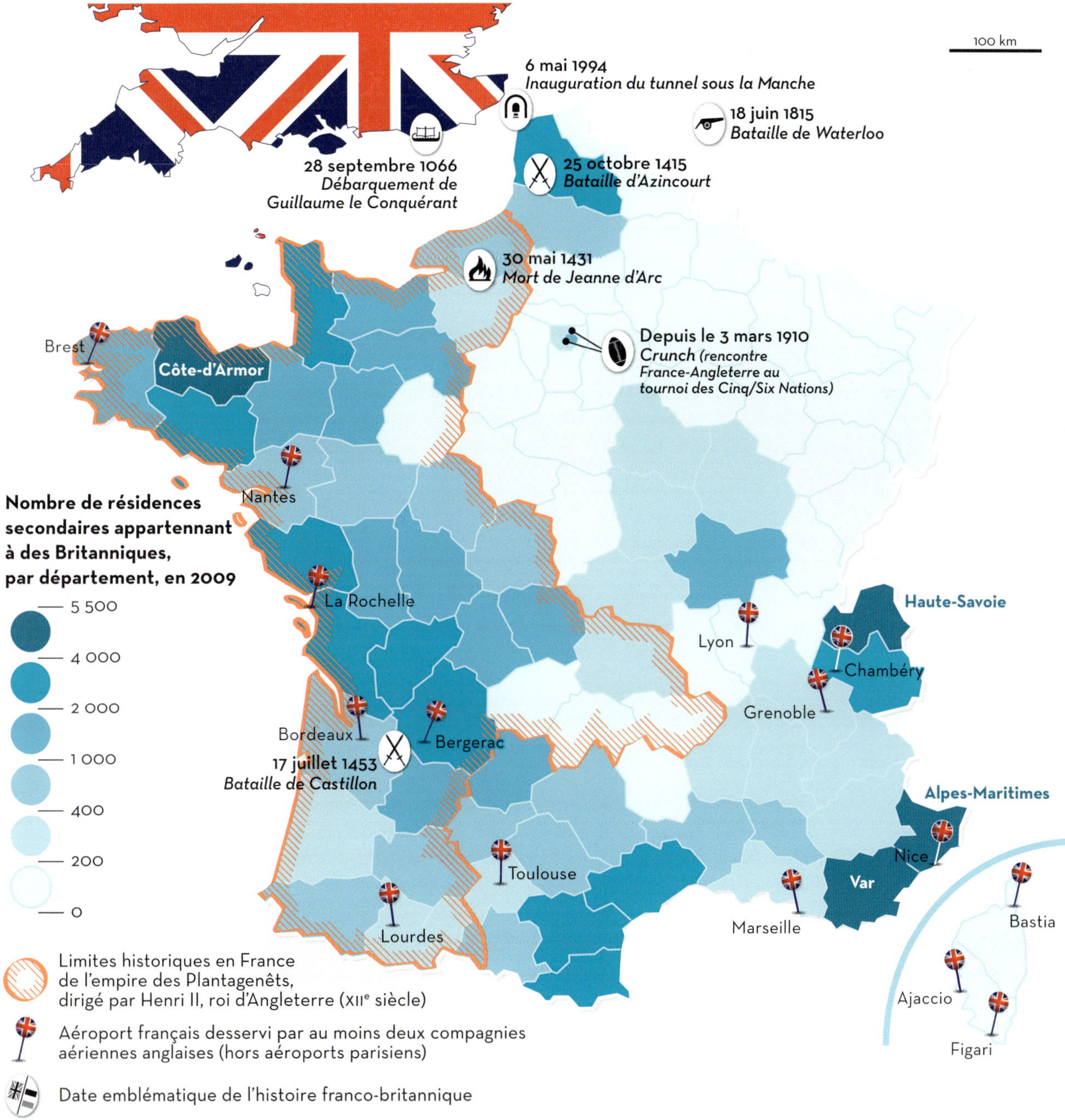

Sources : *NewsEco*, Comité régional de tourisme Provence-Alpes-Côte d'Azur, avril 2011 ; sites des compagnies aériennes britanniques, 2014.

OVNI

soit qui mal y voit

Chaque samedi en été, de nombreux témoins signalent des « centaines de soucoupes volantes se dirigeant toutes dans la même direction ». En fait de soucoupes, des lanternes thaïes, ces sortes de mini-montgolfières qu'on lâche en grappe à l'occasion des mariages…

Il y a chaque année des dizaines de témoignages de « phénomènes aérospatiaux non identifiés » (PAN) dans l'Hexagone, sur lesquels se penchent les enquêteurs d'un organisme très officiel : le GEIPAN. Que retenir de leurs investigations ? Que les témoins sont rarement des blagueurs ou des fous. Qu'il y a plus d'ovnis dans le ciel de France les jours de diffusion de *X-Files* ou de *Star Trek* à la télé. Et qu'il reste tout de même 22 % de cas observés jugés sérieux pour lesquels aucune explication n'a été trouvée…

Le plus célèbre PAN français est le suivant : le 5 novembre 1990, des centaines de témoins remarquent dans le ciel des dizaines d'objets lumineux fonçant vers le nord-est. On parle alors d'une « vague d'ovnis ». Le 9 novembre, mystère élucidé : il s'agissait de la désintégration dans l'atmosphère d'une fusée soviétique après le lancement d'un satellite. Mais certains, comme Alain Delon, ne sont pas convaincus… Et si c'était plutôt la preuve de l'existence des extraterrestres ?

TYPES DE PHÉNOMÈNES AÉROSPATIAUX OBSERVÉS

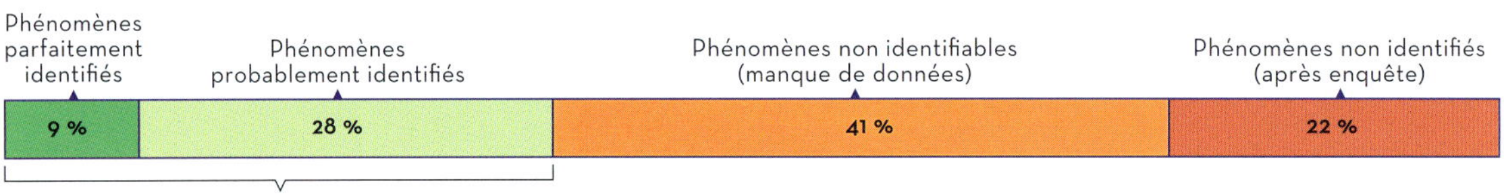

Nature des phénomènes identifiés entre 2007 et 2012 (en %)

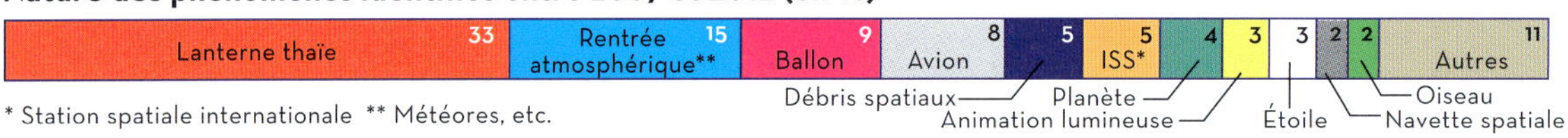

* Station spatiale internationale ** Météores, etc.

LES PHÉNOMÈNES AÉROSPATIAUX DANS LE CIEL DE FRANCE

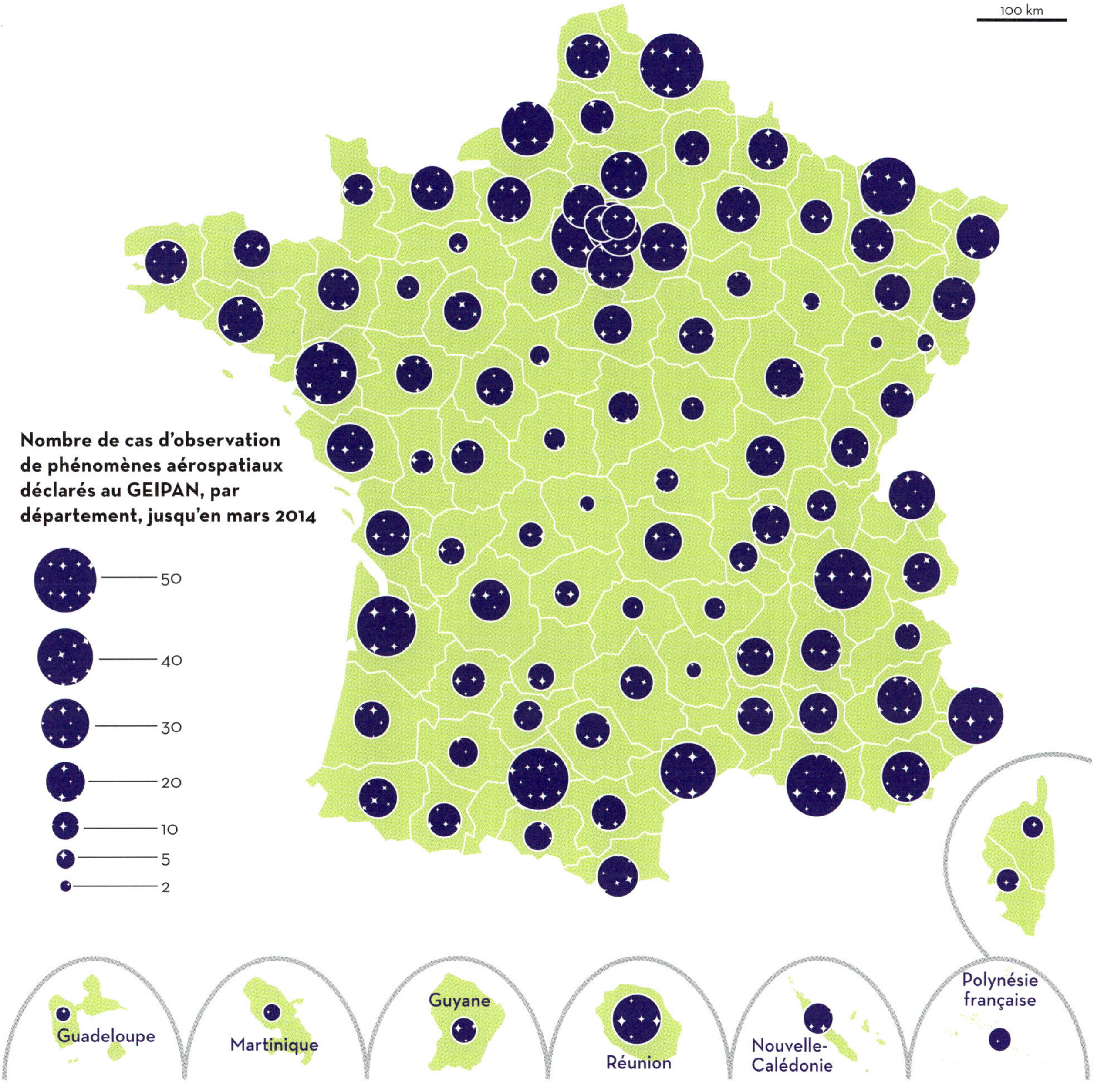

Source : site du Groupement d'études et d'informations sur les phénomènes aérospatiaux non identifiés (GEIPAN), Centre national d'études spatiales (CNES), 2014.

C'est suicidé QUI DIT QUI Y EST

En 1990, le département des Côtes-du-Nord, appellation jugée trop déprimante, changea de nom pour un plus attirant Côtes-d'Armor.

Vingt-quatre ans plus tard, ce même département – au nouveau nom rimant curieusement avec « mort » – détient le triste record de France du taux de suicidés. Et il semble que le magnifique viaduc de Dinan, qui enregistre, dit-on, une tentative de suicide par semaine, n'est pas étranger à ce chiffre : on viendrait de loin pour mettre fin à ses jours à Dinan. Curieusement, on ne trouve aucun établissement psychiatrique dans le département : y aurait-il moins de tentatives en Côtes-d'Armor dans le cas contraire ?

Quoi qu'il en soit, ce sont les hommes, les seniors et les veufs qui se suicident le plus en France. Et au palmarès national des modes de suicides, la pendaison tient la corde.

Sachez aussi que pendant les deux minutes qu'il vous a fallu pour lire ce joyeux texte, un Français a tenté de se suicider. Il y a en effet 700 tentatives de suicide en France par jour, parmi lesquelles 27 sont fatales. En gros un suicide par heure… Le temps de lire ce livre ?

SUICIDES ET HÔPITAUX PSYCHIATRIQUES DANS LES DÉPARTEMENTS FRANÇAIS

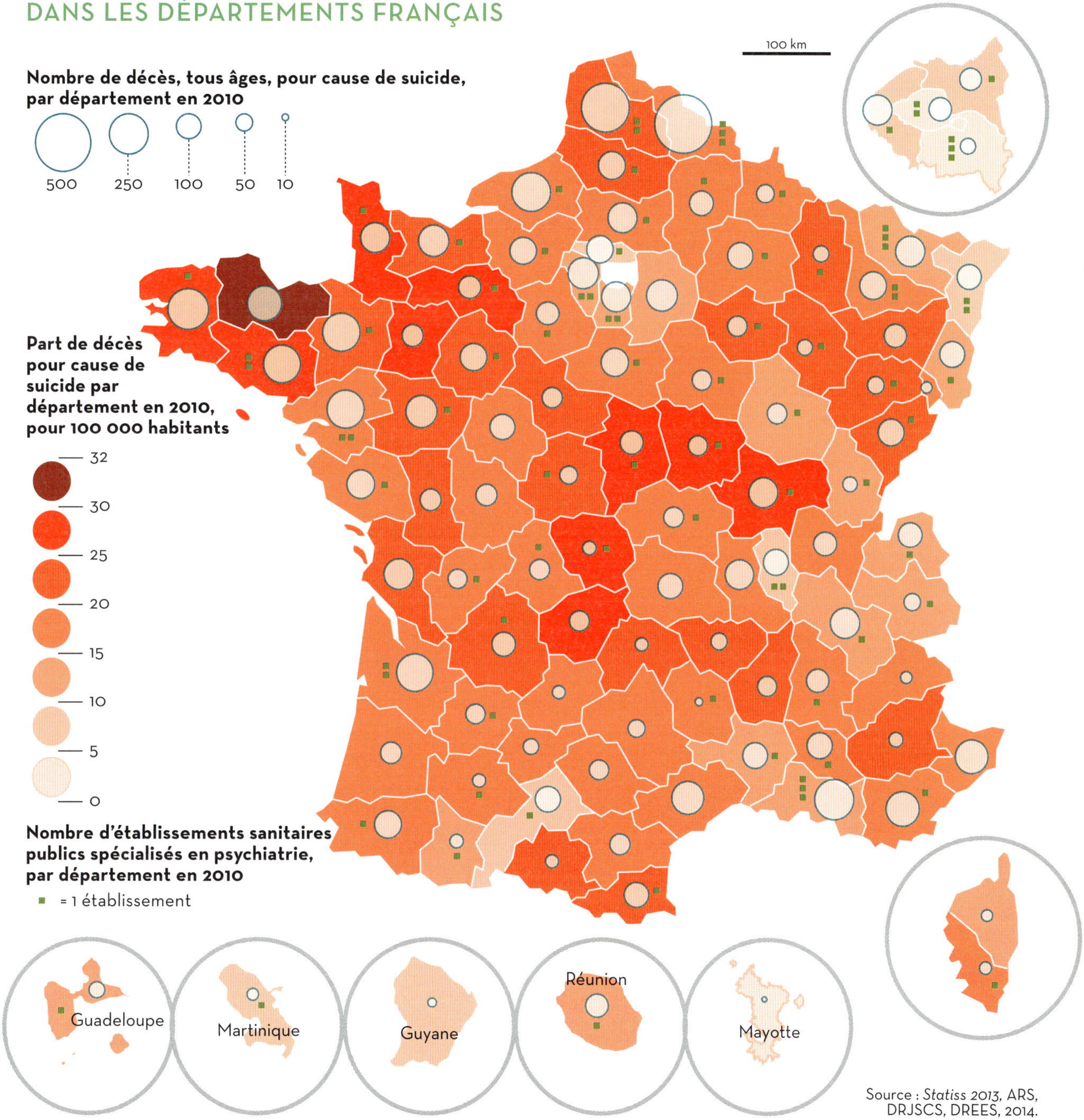

Source : *Statiss 2013*, ARS, DRJSCS, DREES, 2014.

LIBERTINAGE, Égalité, Fraternité

« Échangisme » est un terme générique qui comprend beaucoup de pratiques sexuelles exotiques distinctes, telles que « mélangisme », « côte-à-côtisme » ou « candaulisme » (je laisse au lecteur curieux le soin de chercher par lui-même la signification de ce mot étonnant). L'échangisme, ce n'est donc pas uniquement troquer son partenaire contre celui d'un autre pour jouer au Scrabble.

L'échangisme, qui concerne tout de même 6 % des Français (selon une étude Ifop de 2010), se pratique chez soi, mais aussi dans des clubs fleurissant un peu partout sur le territoire, ou encore en plein air. Et c'est dans le département de l'Hérault que se trouve la capitale française de l'Eros : le Cap-d'Agde, avec ses dizaines de clubs libertins et sa célèbre « baie des cochons », est en effet le haut lieu de l'échangisme en Europe.

À l'inverse, douze départements sont bizarrement dépourvus de toutes commodités de ce type. Et il y en a cinq pour lesquels c'est incompréhensible : la Hot-Loire, la Hot-Marne, la Hot-Saône, les Hots-Alpes et les Alpes-de-Hot-Provence.

L'ENVISAGEZ-VOUS ?

Réponses à la question : « Feriez-vous l'amour avec votre partenaire et plusieurs couples dans un club ou une soirée échangistes ? »

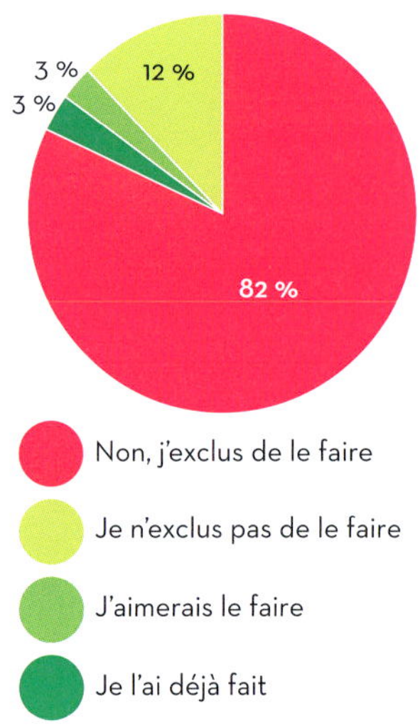

Source : « Les Français et l'échangisme : du fantasme à la réalité », enquête Ifop, juin 2010.
Échantillon de 1 020 personnes représentatif de la population française âgée de 18 à 69 ans.

LES LIEUX ÉCHANGISTES EN FRANCE

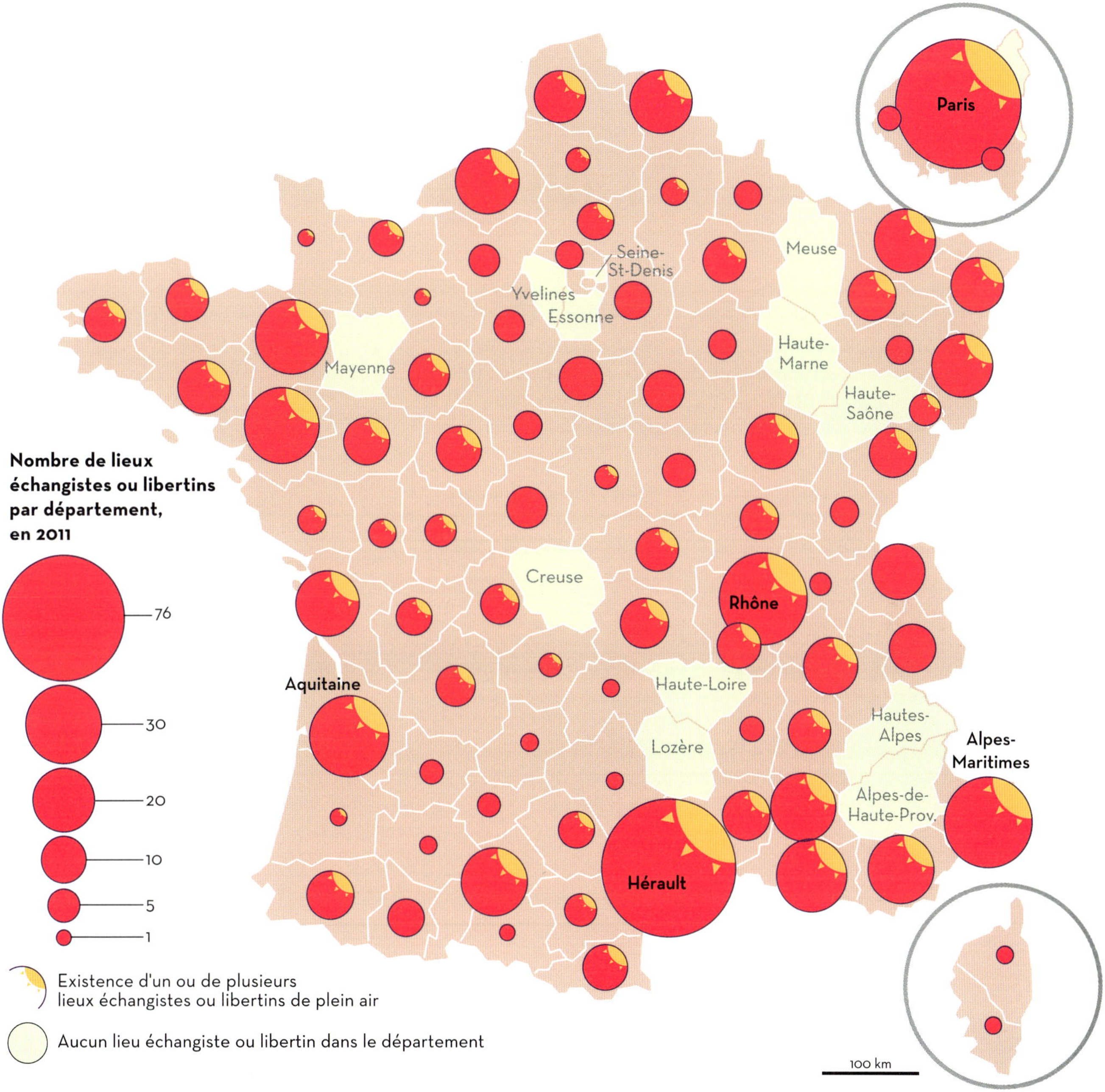

Source : N. Cattan, S. Leroy, *Atlas mondial des sexualités*, Autrement, 2013 ; données de *France coquine 2012-2013*, Petit Futé, 2012.

Une pilule ET AU LIT !

La molécule du Viagra a été conçue originellement pour soigner les angines de poitrine… Mais devant ses effets secondaires pour le moins impressionnants, on décida de réorienter son utilisation. Et depuis que des Viagra « génériques », moins chers, ont fait leur apparition, les ventes de la fameuse pilule bleue ont bondi partout dans le monde.

En France, hors Paris, les plus gros consommateurs de Viagra sont en Moselle, dont on comprend désormais pourquoi – logique dyslexique implacable – le nom est si proche de « mollesse ». Varois et Haut-Corses suivent de près et l'on trouve également beaucoup d'obsédés du Viagra dans le Bas-Rhin (l'inverse étant aussi valable).

Force est de constater en tout cas que le Viagra est vraiment surconsommé dans le sud-est et, plus généralement, dans l'est de la France. Si pour le Sud, le facteur vacances-touristes-soleil n'y est pas étranger, on a un peu plus de mal à comprendre pour l'est du pays… Est-on plus salace en Alsace ? Les hivers du Jura sont-ils si rudes ? La présence des pics alpins donne-t-elle des idées ? Qui sait…

Quoi qu'il en soit, les ventes de Viagra – et de ses génériques – ont pesé près de 138 millions d'euros en France en 2013. Pas mal pour une molécule qui a valu à ses inventeurs le prix Nobel de médecine en 1998…

ÉVOLUTION DES VENTES DE PRODUITS CONTRE LA DYSFONCTION ÉRECTILE

Nombre de DDD (doses journalières définies) vendues en France

En millions

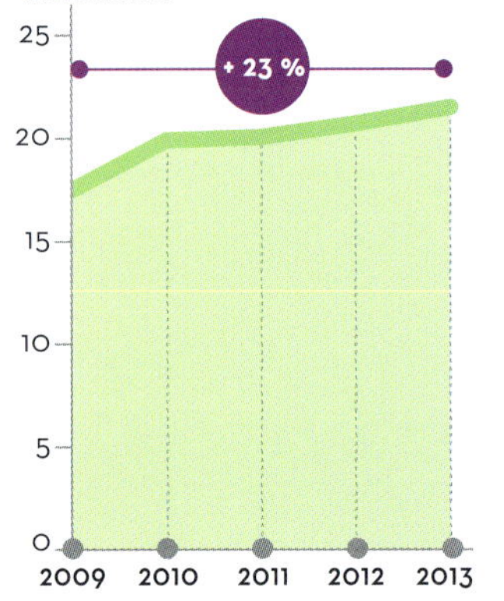

Source : *Ibid.*

LA LUTTE CONTRE LA DYSFONCTION ÉRECTILE

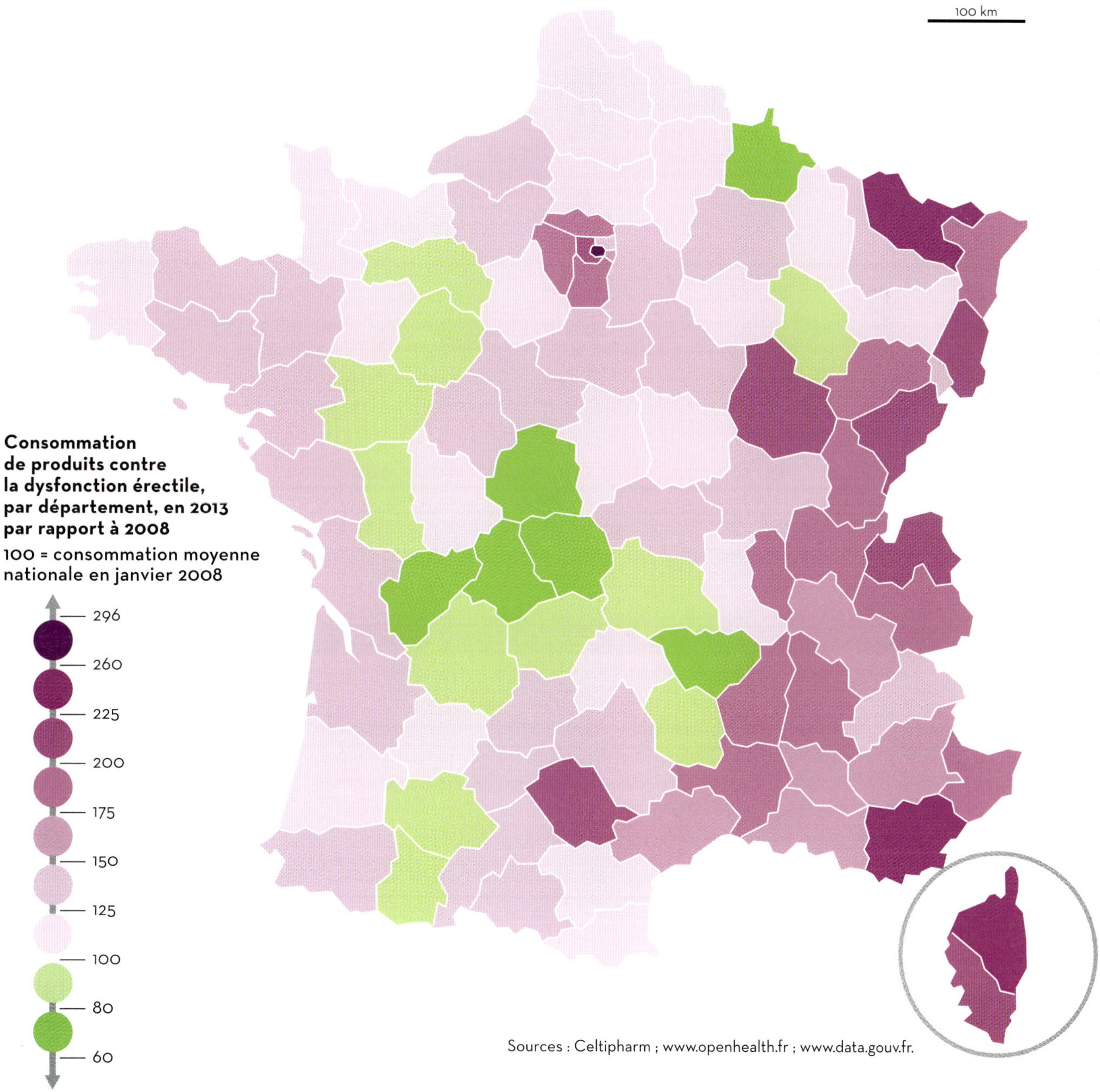

Sources : Celtipharm ; www.openhealth.fr ; www.data.gouv.fr.

MONSIEUR ET MADAME

Martin ont un fils

Au Moyen Âge, on n'avait pas de patronyme, et Marie et Jean étaient de très loin les prénoms les plus courants. Ce qui posait de vrais problèmes aux forces de l'ordre : « Bonjour, nous recherchons Jean, pour le meurtre de Jean. – Quel Jean ? – Ben, le mari de Marie ! – Quelle Marie ? – Ben, la fille de Jean… et de Marie »… Pour les besoins de l'enquête, on inventa donc le nom de famille.

Au XXe siècle, certains patronymes devinrent vraiment dominants, comme Martin, porté aujourd'hui encore par plus de 230 000 personnes. Ce qui posait aux policiers les mêmes problèmes qu'à leurs collègues du XIIe siècle : « Bonjour, nous cherchons Jean Martin pour meurtre… – Quel Jean Martin ? »…

Heureusement, de nos jours, les officiers de l'état civil ne peuvent plus s'opposer au dépôt de prénoms qu'ils jugent trop originaux. Du coup, le « stock » de prénoms en France a beaucoup augmenté. Et les risques d'homonymie ont diminué : « Bonjour, nous cherchons Kross-André Martin pour le meurtre de Sophia-Lorraine Bernard. – Vous le trouverez au bar avec ses potes Max-Kin et Djayson. » Il a tout de même fallu attendre huit siècles pour que les enquêteurs puissent enfin bosser !

DES PRÉNOMS PLUS PERFORMANTS AU BACCALAURÉAT ?

Proportion de mentions « Très bien » au bac général et technologique, selon les prénoms des candidats, en 2013

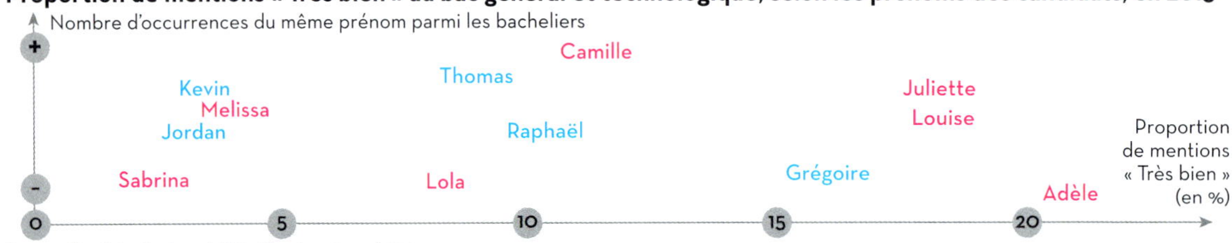

Source : Baptiste Coulmont (http://coulmont.com), 2014.

HISTOIRE ET GÉOGRAPHIE DES PRÉNOMS ET PATRONYMES FRANÇAIS

Évolution de quelques prénoms choisis depuis 1950

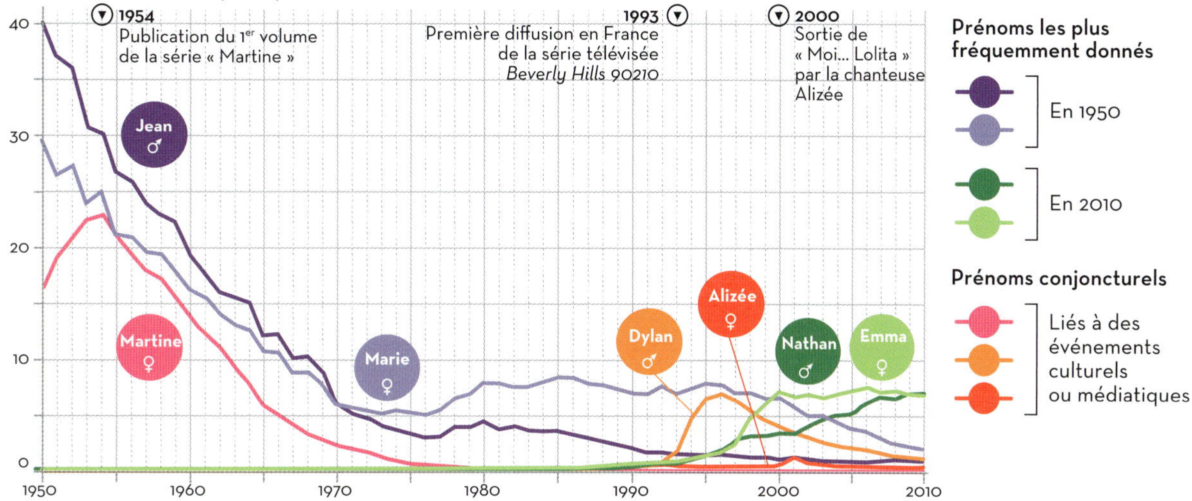

Sources : http://dataaddict.fr/prenoms/ 2014 ; données Insee, fichier des prénoms, édition 2011.

Localisation des prénoms sur-représentés par rapport à la moyenne nationale

Source : *Le carnet des prénoms*, tome 7, *Le Figaro*, 2007.

Nom de famille le plus courant par région

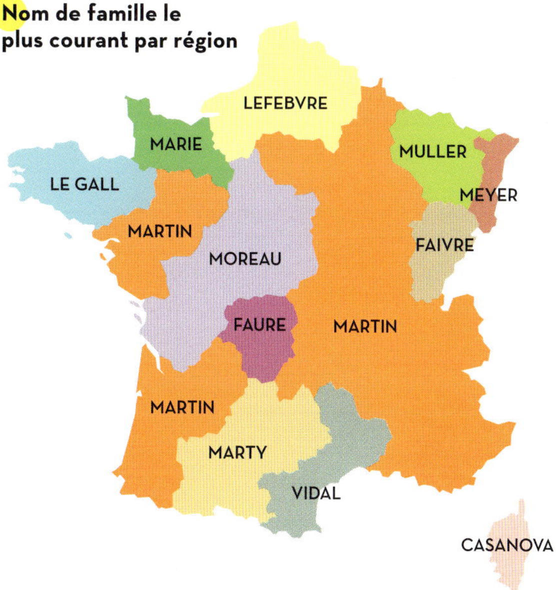

Source : www.dailygeekshow.com, décembre 2013.

Au pays
DE TANGUY

Pendant longtemps, pour aborder une fille, tout bon dragueur lançait un classique : « Vous habitez chez vos parents ? » Aujourd'hui, bien malin celui qui arrive à ses fins avec une question aussi ringarde.

Question qui, paradoxalement, n'a jamais eu autant de sens qu'à notre époque. Car, en effet, les jeunes quittent leurs parents de plus en plus tard ! Études prolongées, chômage de masse, coût élevé du logement et puis aussi parfois une bonne grosse flemme expliquent le phénomène. De nos jours, il est permis de rester ado… et aussi de le redevenir : certains téméraires retournent même vivre chez leurs parents après une séparation ou un licenciement.

Parmi tous ces « Tanguy » dans notre beau pays, on compte une poignée d'*hikikomori* : un terme japonais qui désigne de jeunes adultes vivant encore chez leurs parents, qui fuient tout contact avec la réalité en restant enfermés dans leur chambre plusieurs mois, voire plusieurs années, avec leur console de jeux et – on l'espère – suffisamment de slips de rechange.

LES JEUNES VIVANT CHEZ LEURS PARENTS

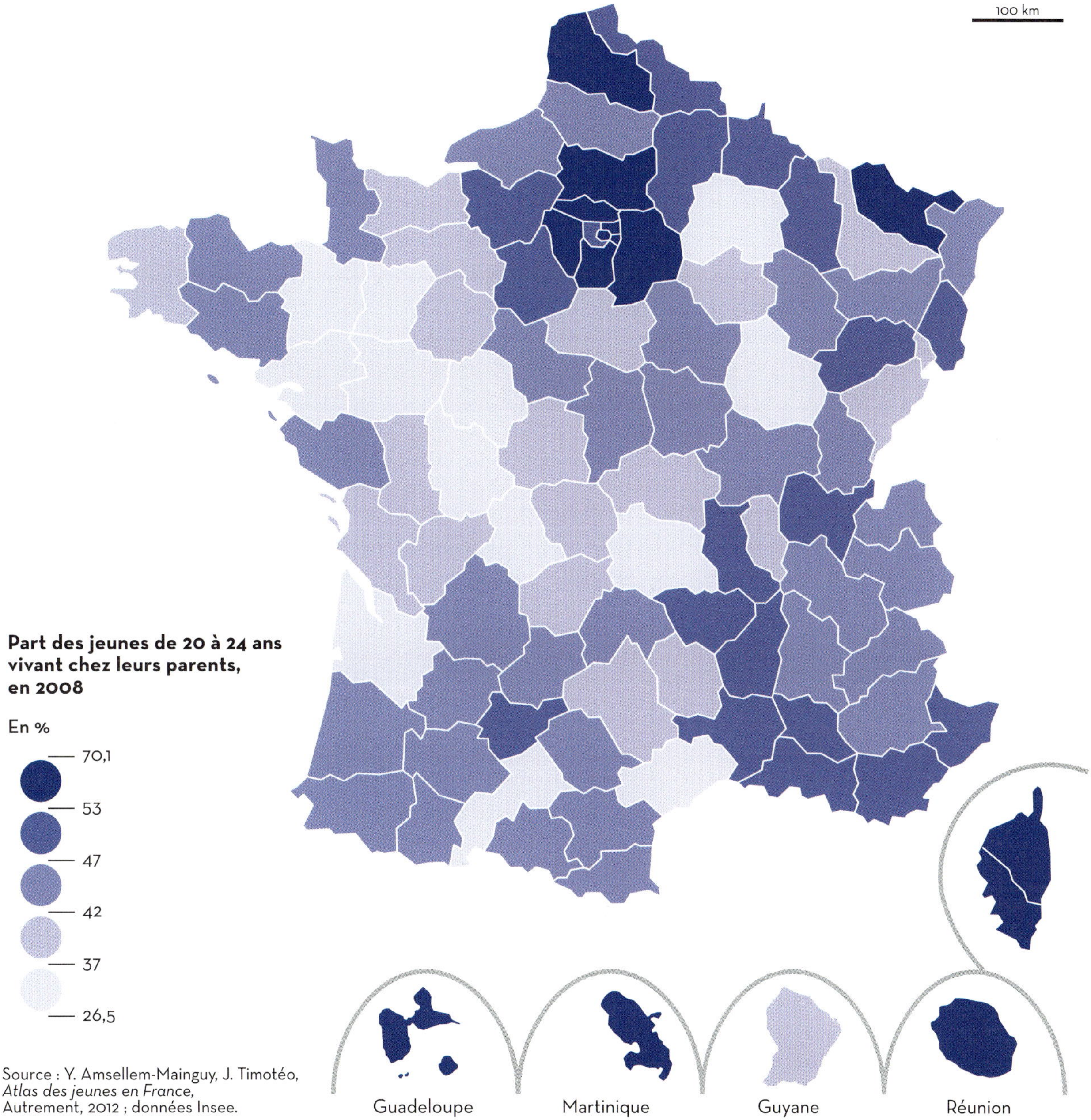

Source : Y. Amsellem-Mainguy, J. Timotéo, *Atlas des jeunes en France*, Autrement, 2012 ; données Insee.

MÉTROPOLE EMPLOI

(et outre-mer aussi)

Dans le titre « Hexagone », Renaud chante : « La France est un pays de flics, à tous les coins d'rue, y'en a cent ! »

En regardant la carte ci-contre, on se dit que rien n'est moins vrai, sauf en Lorraine, en région Paca et en Guyane, terres qu'il vous faudra donc fuir si, comme Renaud, vous êtes allergique à l'autorité. Si en revanche vous cherchez un employé de maison, installez-vous à La Réunion, il y en a plein : les exonérations de charges patronales dont bénéficient ces métiers sur place expliquant sûrement ce curieux atavisme. Si vous voulez vous faire construire une maison, foncez en Corse ; faites attention cependant, c'est aussi là-bas qu'on maîtrise le mieux le plastiquage de résidences secondaires. Enfin, si vous avez un colis à envoyer, préférez les postes de Guadeloupe : vous n'y ferez pas la queue car la fonction publique y emploie 1 habitant sur 34, presque deux fois plus qu'en métropole !

Enfin, dites-vous qu'afin de respecter les données de l'Insee, il vaut mieux chanter : « La France est un pays d'agriculteurs et de maraîchers, à tous les coins de champ, y'en a cent ! »

QUALIFICATIONS PROFESSIONNELLES ET TERRITOIRES

Répartition selon la qualification professionnelle dans les espaces urbains

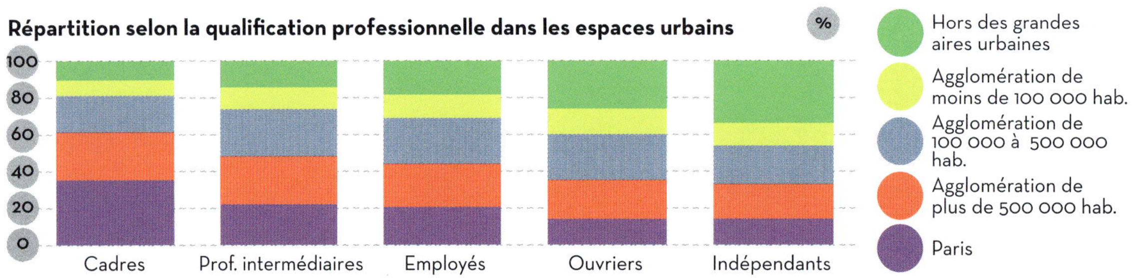

LES MÉTIERS LES PLUS REPRÉSENTÉS DANS NOS RÉGIONS

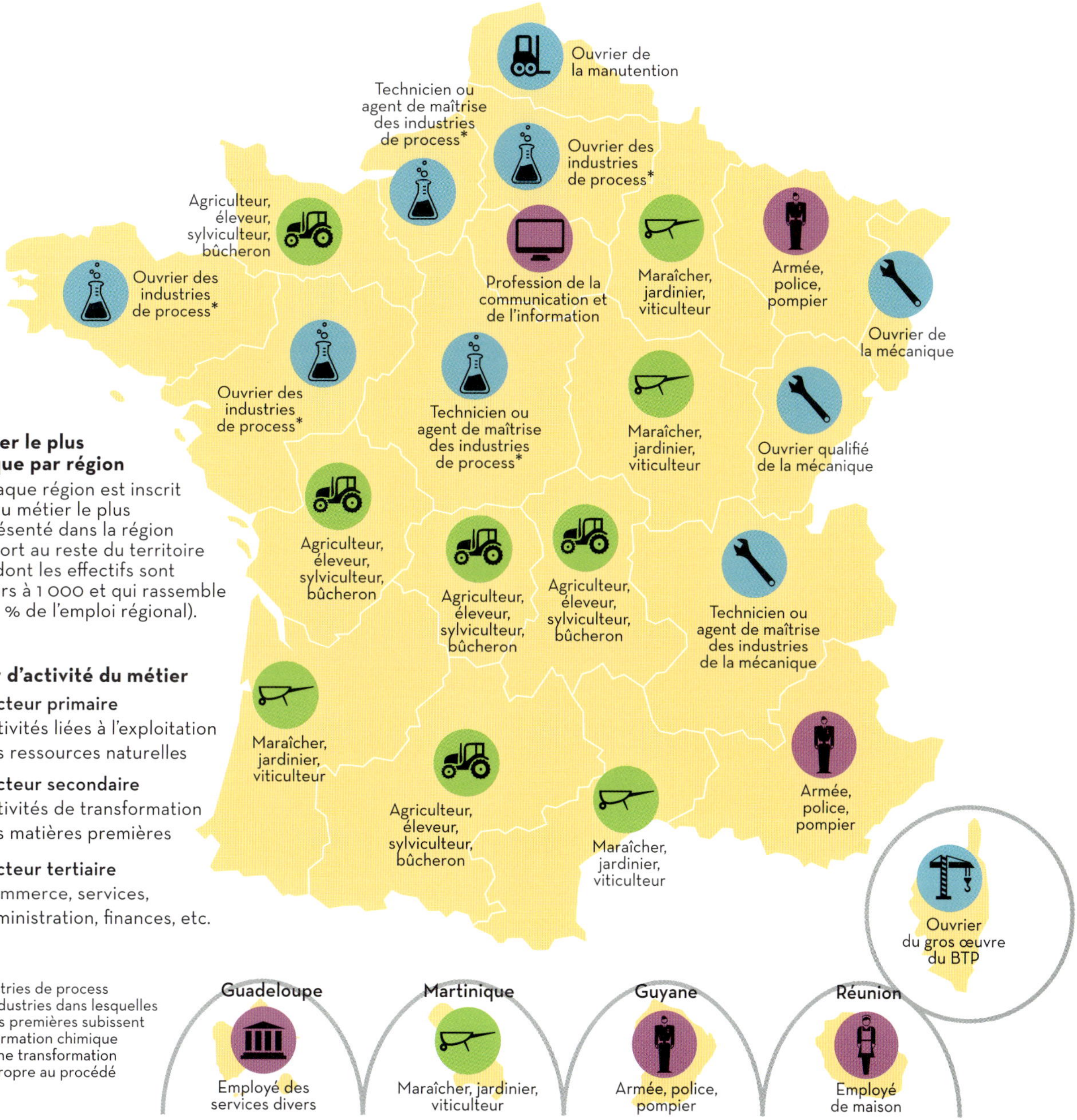

Le métier le plus spécifique par région

Dans chaque région est inscrit le nom du métier le plus sur-représenté dans la région par rapport au reste du territoire (métier dont les effectifs sont supérieurs à 1 000 et qui rassemble plus de 1 % de l'emploi régional).

Secteur d'activité du métier

- **Secteur primaire** Activités liées à l'exploitation des ressources naturelles
- **Secteur secondaire** Activités de transformation des matières premières
- **Secteur tertiaire** Commerce, services, administration, finances, etc.

* Les industries de process sont des industries dans lesquelles les matières premières subissent une transformation chimique en plus d'une transformation physique propre au procédé industriel.

Source : Insee, recensement de la population de 2010, lieu de travail.

♀

Où sont LES FEMMES ?

C'est en 1849 qu'une femme, Jeanne-Victoire Deroin, se présenta pour la première fois en France aux législatives. Son nom ne lui porta pas chance : elle ne récolta que 15 petites voix, toutes masculines (seuls les hommes ayant le droit de vote à l'époque) : maigre consolation…

Ce n'est qu'en octobre 1945, après la Libération, qu'on vit des femmes entrer pour de (Bour)bon à l'Assemblée nationale : 33 « députettes », surnom donné par leurs collègues masculins, s'installèrent en effet dans le célèbre hémicycle. Par la suite, en 1958, la députette fut déclarée en voie de disparition : il n'en restait plus que 8 à l'Assemblée…

Il fallut attendre une autre libération, celle des années 1970, pour voir le nombre de femmes à l'Assemblée commencer à augmenter. Et depuis 2012, nos 155 députées représentent plus d'un quart des effectifs. En matière de femmes élues au Parlement, la France est au 34e rang mondial, juste derrière la Tunisie… et devant l'Afghanistan.

Il y a plus de femmes que d'hommes sur Terre. Mais il y a moins de femmes que d'hommes à l'Assemblée nationale. Deux explications possibles : soit l'Assemblée nationale ne se situe pas sur notre planète, soit quelque chose de profondément culturel empêche les femmes françaises d'accéder en plus grand nombre aux responsabilités.

NOMBRE DE FEMMES ÉLUES DÉPUTÉES DEPUIS 1945

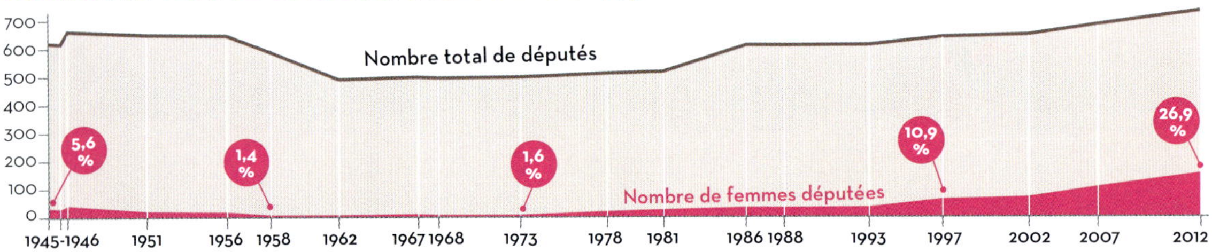

Source : www.assemblee-nationale.fr, 2014.

LA PLACE DES FEMMES À L'ASSEMBLÉE NATIONALE

Nombre de députés élus, par région, de 1988 à 2007 (total des cinq législatures)

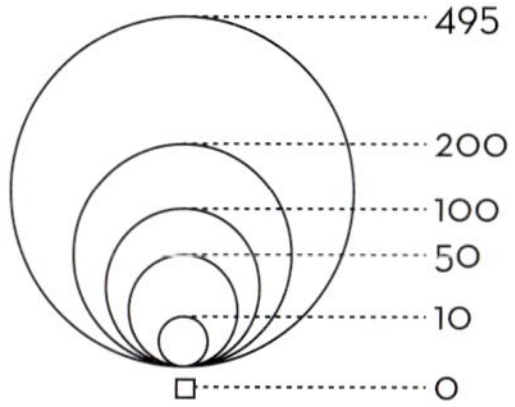

Total de députés élus (hommes et femmes)

Femmes qui auraient été élues députées si la parité stricte était respectée

Femmes réellement élues députées au cours des cinq législatures

Territoire où plus de 20 % des députés élus entre 1988 et 2007 étaient des femmes

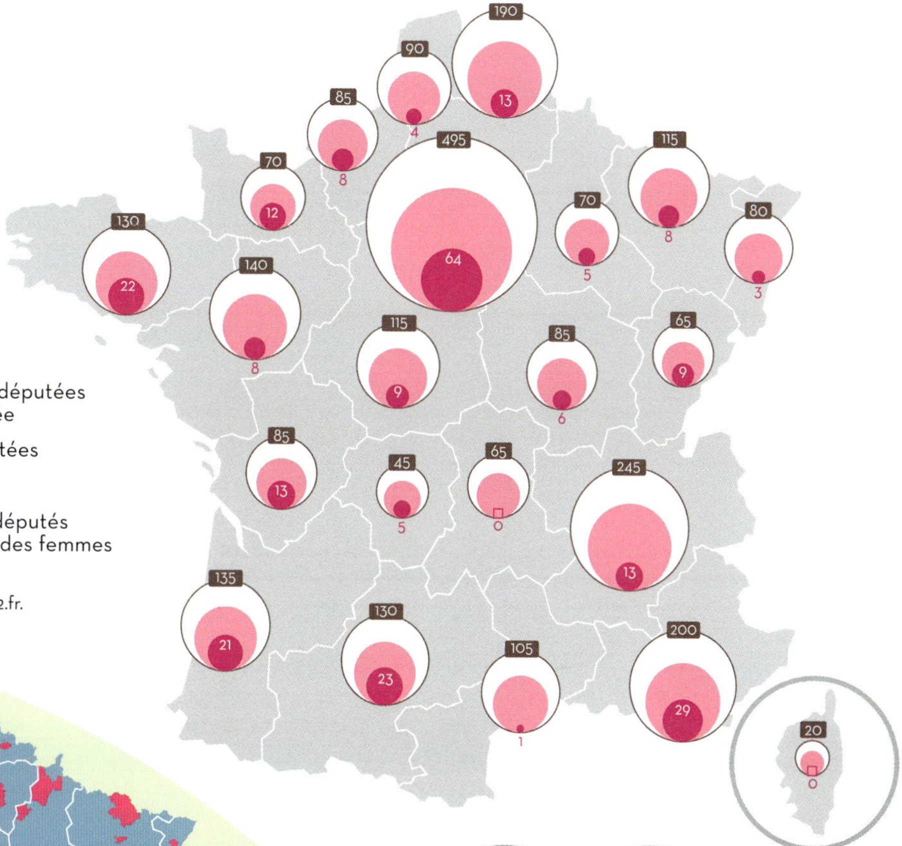

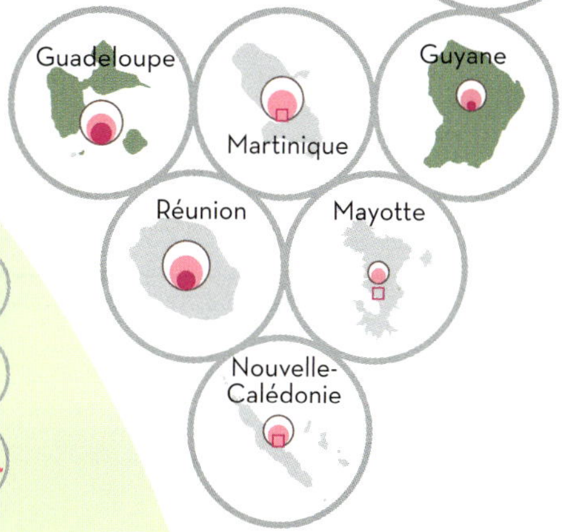

Source : Osez le féminisme !, http://parite2012.fr.

XIVe législature (2012-2017), Femmes et hommes élus députés

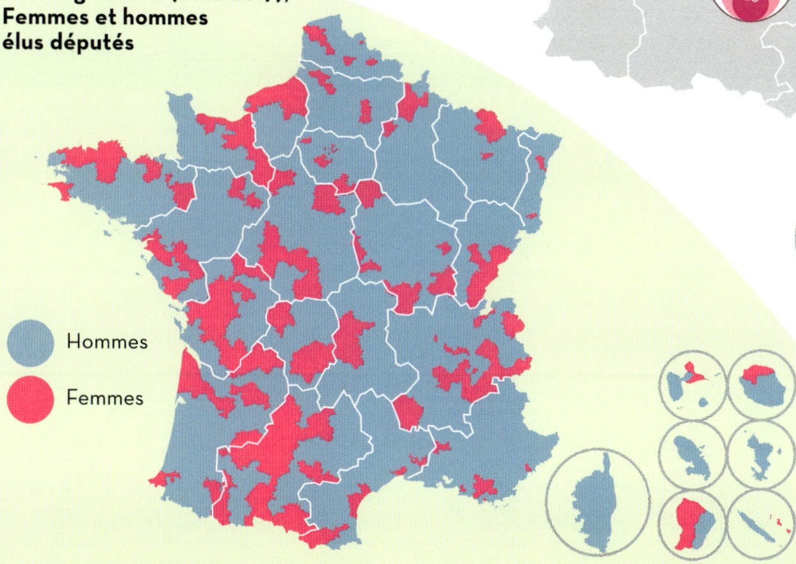

Source : http://www.politiquemania.com, 2014.

4 CULTURE

TOUS
à toile !

Comment voulez-vous diriger un pays qui possède 365 sortes de serpillières ? Du Nord au Sud, d'Est en Ouest, impossible de s'y retrouver ! Comment en effet voir un rapport entre la germanique « wassingue », l'impossible « gaguchar », le pédant « faubert » ou le méprisant « peille » ?

Certaines appellations induisent le doute : « torchon de plancher » ? Mais… si on veut nettoyer le carrelage, alors on fait comment ? « Drap de maison » ? Euh… et on dort où ensuite ? « Pièce à frotter » ? Oui, on sait qu'il y a une pièce à frotter, et donc elle est où ta serpillière ?

D'autres termes nous prennent un peu pour des demeurés : utiliser une « loque à loqueter », c'est un peu comme utiliser une « brosse à brosser » ou une « montre à lire l'heure ». Et les Belges, en bons adeptes du surréalisme, sont allés plus loin en inventant la « loque à reloqueter », ce qui induit nécessairement qu'on a « loqueté » une première fois : oui, mais avec quoi alors ?

En Bretagne enfin, on passe le « lave-pont » comme si on était sur un bateau, alors que sur les ponts des bateaux, on passe la « vadrouille »… Et même si ça n'a aucun rapport, il y a fort à parier que le film de Gérard Oury avec Bourvil et de Funès n'aurait pas eu le même succès s'il s'était appelé *La Grande Serpillière*.

LES APPELLATIONS RÉGIONALES DE LA SERPILLIÈRE

Sources : divers, dont H. Walter, *Le français dans tous les sens*, Robert Laffont, 1988.

SPORTS
divers

Saviez-vous que la France est vice-championne olympique de cricket en titre? C'était en 1900, il n'y avait que deux nations engagées et les Anglais ont écrasé les Français. Depuis, le cricket n'est plus réapparu aux JO et les Français ne jouent toujours pas beaucoup au cricket…

Le football australien, comme le cricket, se joue sur un terrain ovale. Avec 150 licenciés et des équipes aux noms typiques – Montpellier Fire Sharks, Strasbourg Kangourous… –, la France réussit le tour de force d'être la seizième nation mondiale… sur vingt pays qui le pratiquent.

Cousin de l'australien, le football américain est beaucoup mieux implanté : 20 000 licenciés y jouent aujourd'hui et le club du Flash La Courneuve bénéficie même d'un budget de 1 million d'euros (!), ce qui lui permet de faire venir joueurs et coachs américains. Mais la raison d'être du club est sociale : il s'agit de former un maximum de jeunes des quartiers.

Le mölkky (prononcez « meule-cul ») est une sorte de pétanque venue de Finlande, qui ne pouvait que plaire en France, devenue en moins de dix ans la deuxième nation à pratiquer ce jeu. En 2012, c'est même une équipe française qui a remporté les championnats du monde : kökkörykö!!

Et le sumo dans tout ça? Ben… il lutte pour exister. Et si t'as pas d'amis, prends un curling.

DES SPORTS ÉTRANGERS PLUS OU MOINS BIEN IMPLANTÉS EN FRANCE

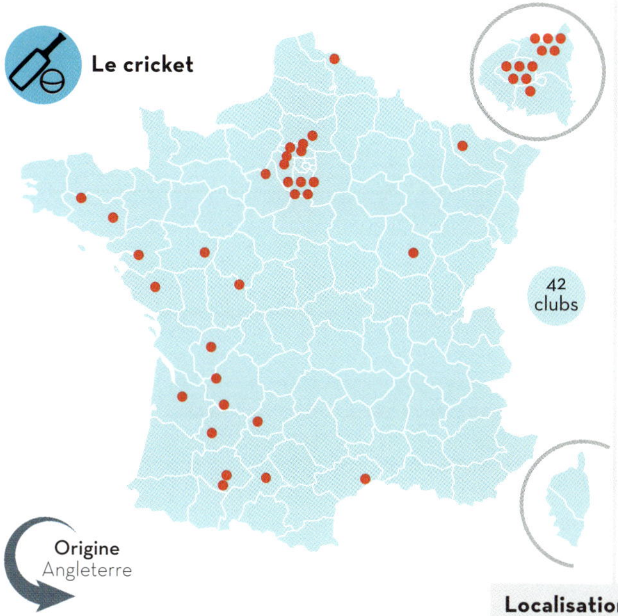

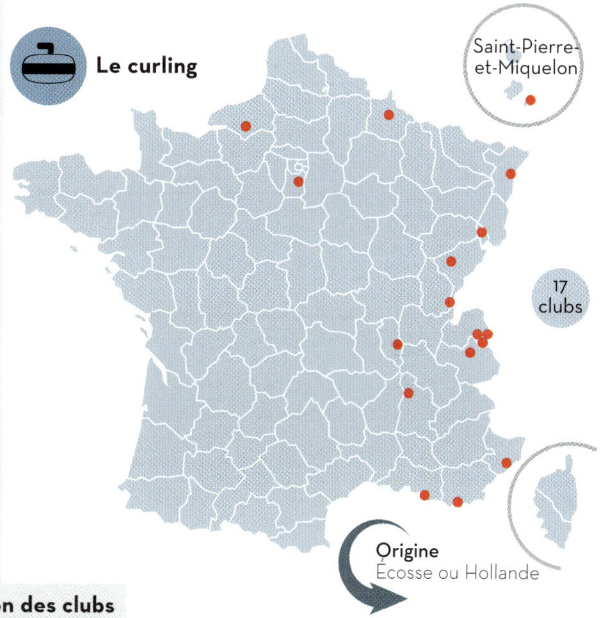

Localisation des clubs de chacun des sports

1 ● = 1 club

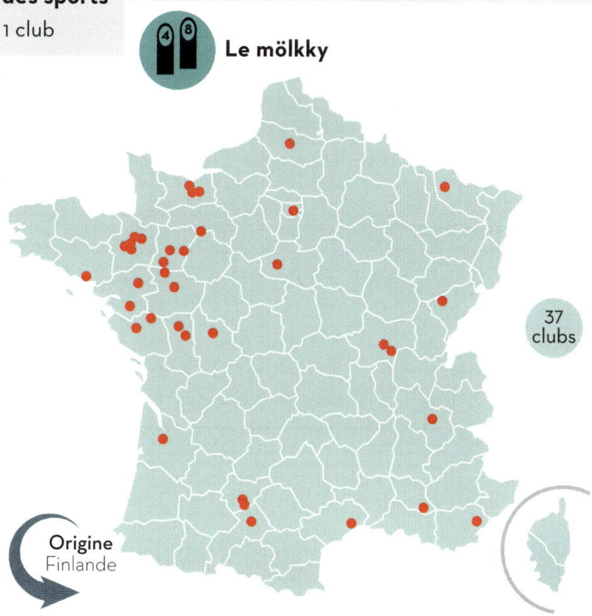

Sources : sites Internet de la Fédération française de football américain, de la Fédération française de Mölkky, de la Fédération française des sports de glace, de l'Association française de cricket et www.paris-sumo.fr.

Oh les quilles, OH LES QUILLES !

Il n'y a pas que la pétanque en France. Il y a aussi tout un tas d'autres jeux régionaux qu'on peut classer dans trois catégories : les joutes, les quilles et les boules, dont la pétanque n'est qu'une variante.

Le principe de la joute nautique est partout le même : deux adversaires, debout chacun sur une embarcation, tentent de se pousser dans l'eau à l'aide d'une lance. C'est donc une version aquatique des joutes médiévales dont on a remplacé les chevaux par des bateaux (sûrement après les premiers cas de noyades d'équidés).

Mais pour jouer à l'apéro, il y a mieux : les jeux de boules, dont le principe de base est toujours de lancer des boules vers un but ou une cible. En boule provençale, lorsqu'on perdait sur un score vierge, il était de coutume d'embrasser les fesses de Fanny, jeune femme callipyge représentée sur un tableau ou une photo. Aujourd'hui encore, en boule provençale comme en pétanque, « mettre une Fanny », c'est gagner 13 à 0.

Mais il n'y a pas que les jeux de boules et de fesses, il y a aussi les jeux de quilles, dont le but est… de faire tomber des quilles (on a beaucoup simplifié). Il y a six quilles à faire tomber aux « Quilles de six », huit aux « Quilles de huit » et neuf aux « Quilles de neuf » : c'est bien fait. Parmi toutes ces sortes de quilles, il y en a une qui a disparu : « La quille bordel ! », expression favorite du bidasse annonçant la fin de son service militaire.

LA FRANCE DES JEUX RÉGIONAUX

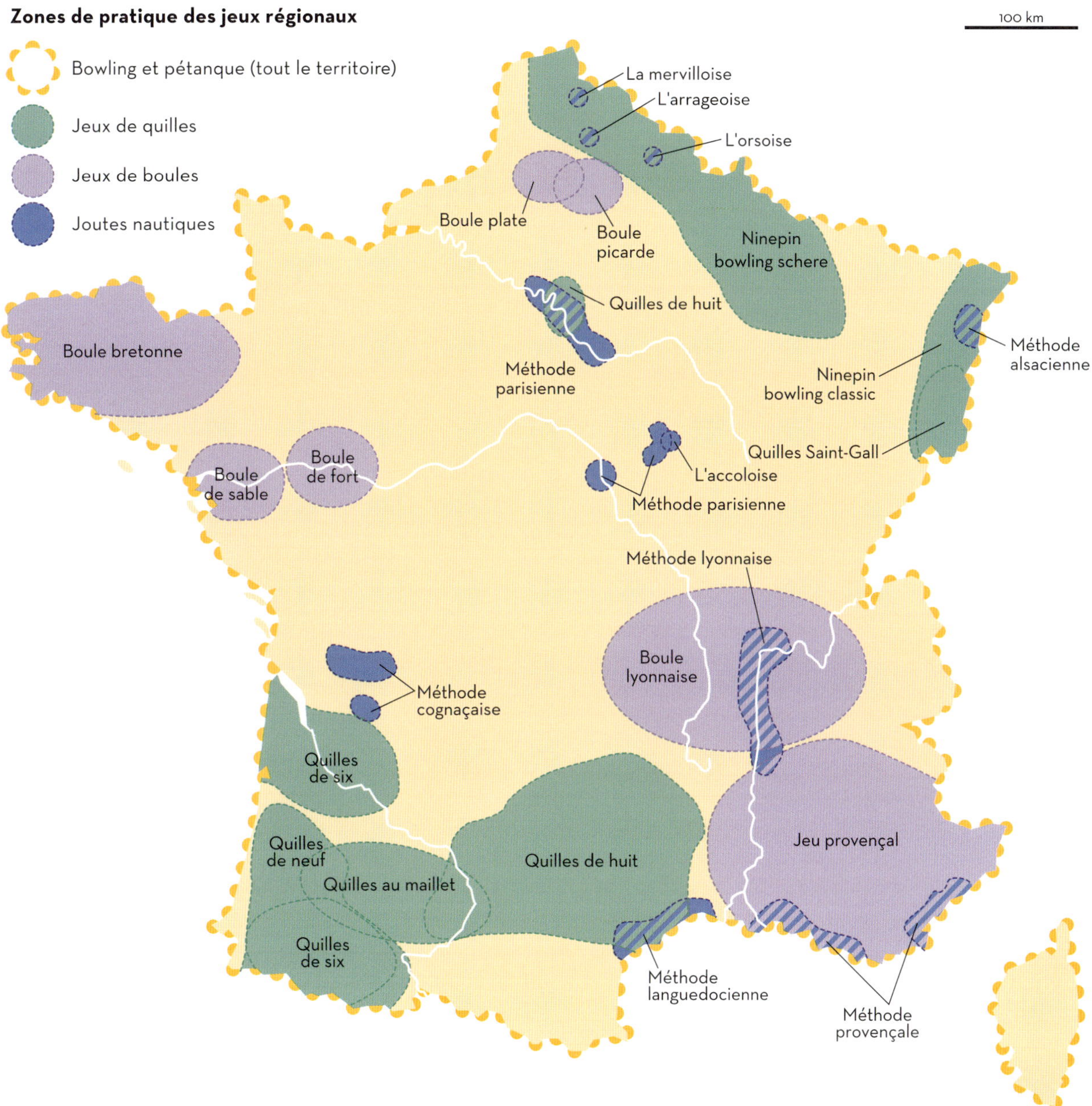

Sources : L. Ravenel, P. Gillon, F. Grosjean, *Atlas du sport mondial*, Autrement, 2010 ; données de la Fédération française de joute et de sauvetage nautique, de la Fédération française de bowling et de sports de quilles, et www.museedelaboule.com.

Les viles étapes DU TOUR

Après cent éditions organisées depuis 1903, le Tour s'est arrêté dans 653 communes et est passé à peu près partout en France, y compris en Corse, visitée curieusement pour la première fois en 2013 seulement.

La fabrication du Tour est une entreprise bien rodée : chaque année, les mairies intéressées font acte de candidature pour être « ville-étape ». Les communes choisies, qui espèrent de juteuses retombées, devront s'acquitter de quelques dizaines de milliers d'euros et tout faire pour accueillir coureurs et caravanes dans les meilleures conditions le jour J. Une fois les villes sélectionnées, les instances du Tour fabriquent des étapes. C'est aussi simple que ça.

Mais il ne faut pas hésiter à le dire : tout ça manque singulièrement d'originalité. À l'instar de ce jeune Français blagueur qui, en 2013, à vélo, relia Parla (en Espagne) à Montcuq, les organisateurs seraient bien inspirés de nous faire un peu plus marrer. Car mise à part la classique Pau-Luchon, qui donne envie de se battre à coups d'oreillers, aucune étape du Tour n'a jusqu'ici vraiment amusé nos oreilles. Pourquoi pas des étapes comme Vittel-Cognac (740 km), Pornic-Samer (618 km), Besse-Montfroc (201 km), Talon-Aiguilles (240 km), Aureille-Sales (368 km) ou encore Poët-Poët (en contre-la-montre bien sûr) ? On pourrait même imaginer la succession d'étapes suivante : Parla-Moncuq-Latette-Haies-Mâle-Agde.

LONGUEUR DU TOUR DE FRANCE DEPUIS SA CRÉATION

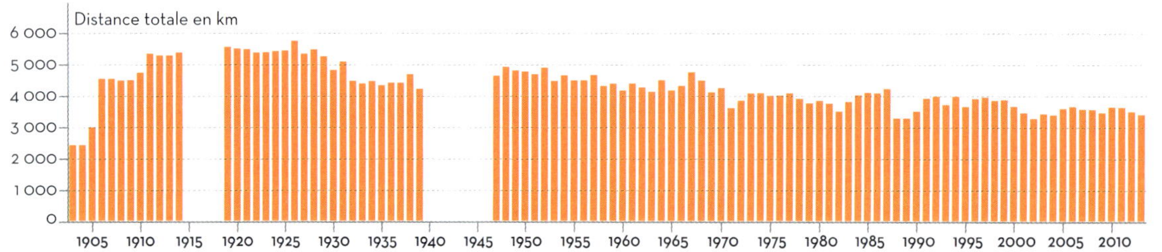

Source : www.letour.fr

LES VILLES-ÉTAPES DU TOUR DE FRANCE

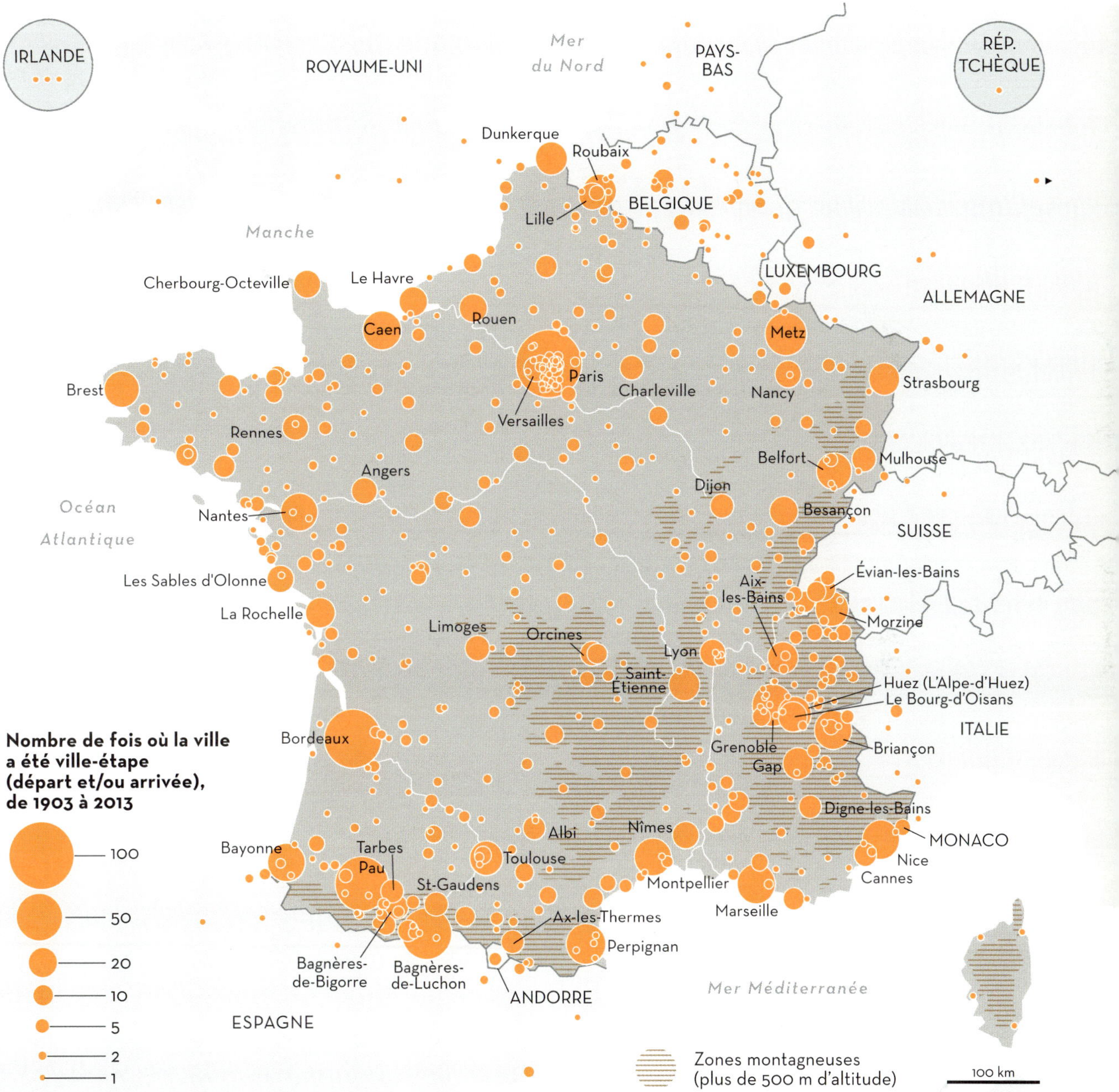

Source : www.letour.fr

ALCOOLEAUX !

Il fut un temps où l'alcool était d'un usage sacré. Un temps où l'ivresse rapprochait des dieux. Un temps où la production de vins ou de spiritueux indiquait l'existence d'une civilisation. Un temps où Jésus changeait l'eau en vin…

Aujourd'hui, les choses ont un peu évolué : conséquence d'une politique de prévention publique (loi Évin en particulier), les Français savent désormais que l'abus d'alcool est dangereux pour la santé et leur consommation s'en ressent : de 26 litres en 1950, la consommation d'équivalent d'alcool pur par an et par habitant est passée à seulement 12 litres aujourd'hui.

Parallèlement, les Français ont mis de l'eau dans leur vin. Ils sont d'ailleurs d'accord pour la payer cher, en l'achetant en bouteilles (150 à 200 litres par an et par habitant aujourd'hui), plutôt que d'ouvrir le robinet de leur cuisine.

Au train où vont les choses, l'alcool finira-t-il par disparaître ? Faudra-t-il alors troquer le slogan « Dubo, Dubon, Dubonnet », célèbre publicité des années 1930 pour l'apéritif du même nom, par un inoffensif « De la bo, de la bonne, de la bonne eau » ?

EAUX ET ALCOOLS DE NOS RÉGIONS

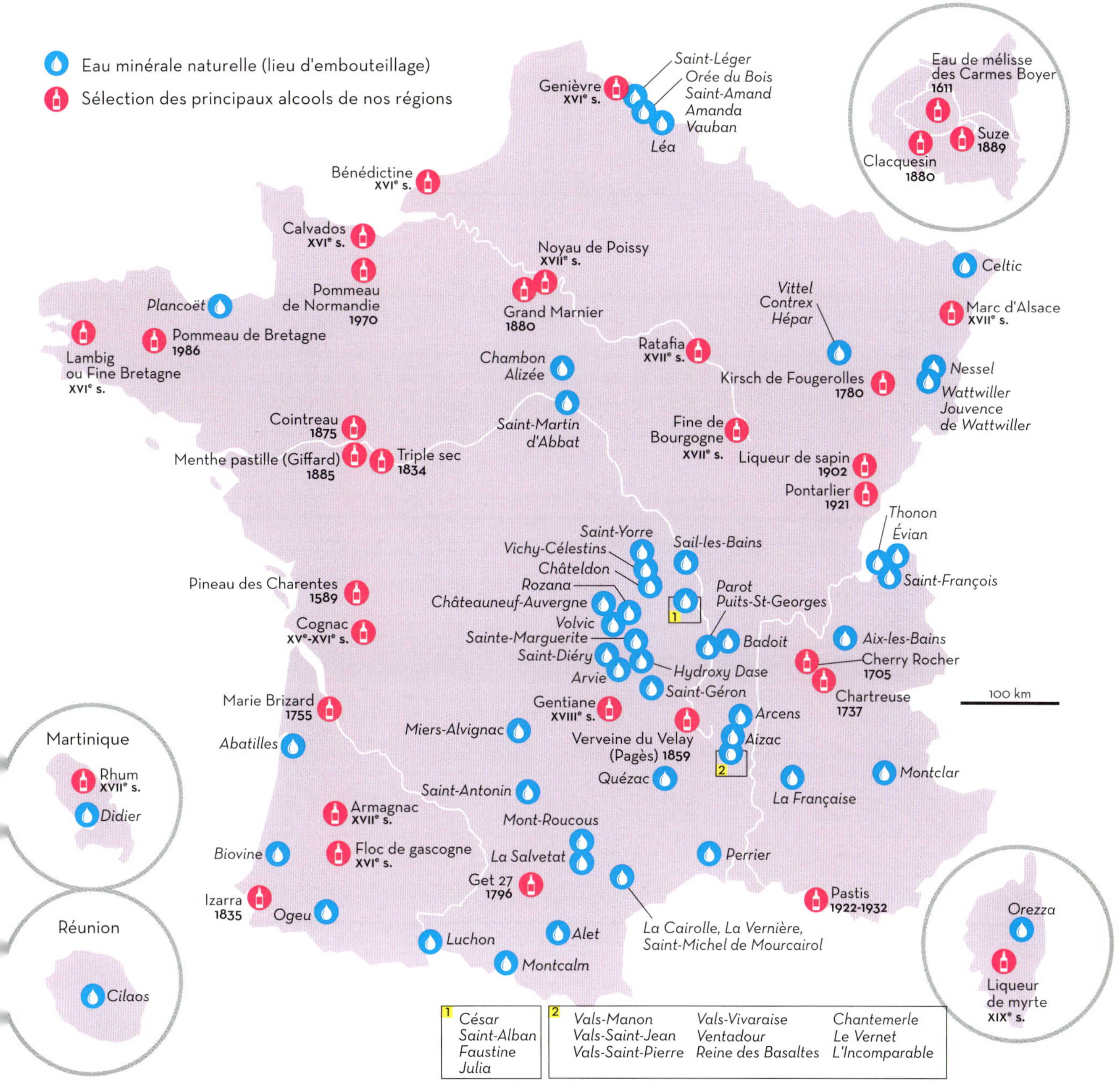

Sources : www.eaumineralenaturelle.fr, 2014 ; G. Fumey, O. Etcheverria, *Atlas mondial des cuisines et gastronomies*, Autrement, 2009.

LE PLAT DE MON PAYS
qui est le mien

Le « repas gastronomique des Français » est depuis 2010 inscrit sur la liste du patrimoine culturel immatériel de l'Unesco. Mais à part « une entrée, un plat, du fromage et un dessert », comme croit bon de le préciser l'Unesco, c'est quoi un repas gastronomique français ? Une escalope avec une belle salade ? Une tourte aux cailles ? Une tranche de jambon – la fine ou l'épaisse – avec des frites biseautées ?

Pour le savoir, le mieux est d'interroger les Français sur leurs plats favoris ! Assez logiquement, on préfère manger un bon magret dans le Sud-Ouest, un gratin dauphinois dans le Dauphiné et des frites dans le Nord. En revanche, côté dessert, c'est n'importe quoi : les Bretons et les Normands préfèrent les îles flottantes aux crêpes et à la tarte aux pommes, qui sont en revanche adorées dans le Sud-Ouest, le Centre et l'Est. Y a plus de repères !

Au niveau national, le repas idéal est donc « magret de canard – fondant au chocolat » : c'est vrai qu'on a fait mieux au niveau diététique, mais quand on aime, on s'en fout !

Dans ce classement national, qui comporte en fait 41 plats, l'indémodable coquillette-jambon arrive en 41e position. En revanche, nulle trace de la fameuse tête de veau, pourtant si chère à notre Jacques Chirac national.

TOP 3 DES PLATS ET DESSERTS

Les plats préférés des Français

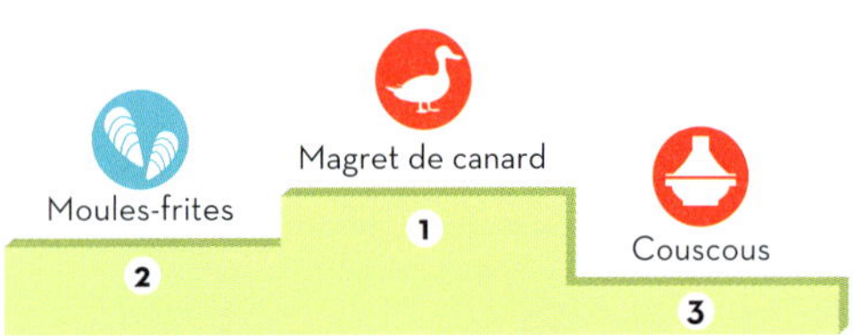

Les desserts préférés des Français

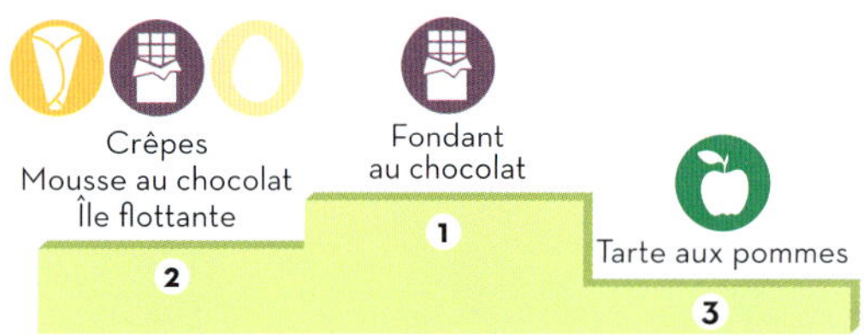

Sources : *Ibid.*

LA NOURRITURE PRÉFÉRÉE DES FRANÇAIS

LES PLATS

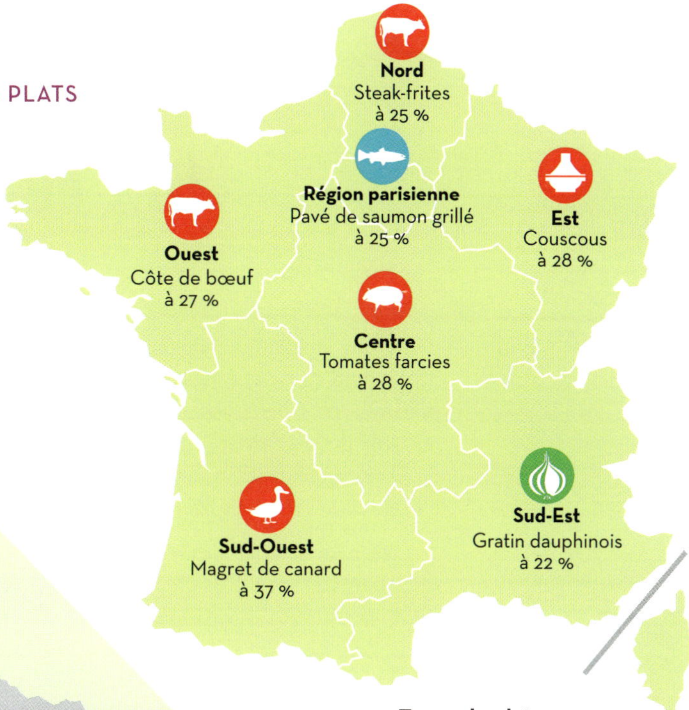

Types de plats

- Plat à base de viande
- Plat à base de produits de la mer
- Plat végétarien

LES DESSERTS

Types de desserts

- Dessert à base de chocolat
- Dessert à base de fruit
- Crêpes
- Autre

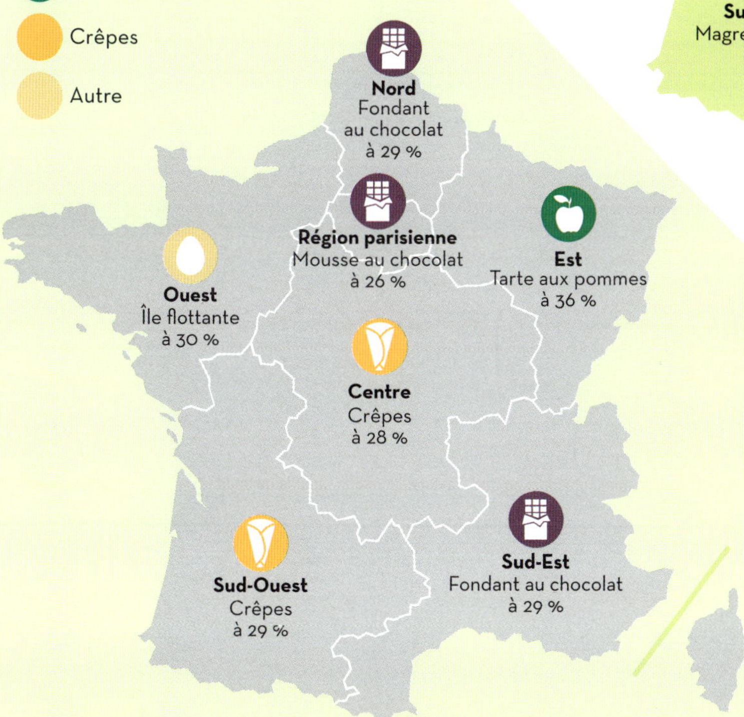

150 km

Sources : *Les plats préférés des Français* (août 2011) et *Les desserts préférés des Français* (octobre 2012), études réalisées par TNS Sofres pour *Vie pratique Gourmand*. Les sondés pouvaient donner 5 réponses maximum.

La France, l'autre pays du BIG MAC

Pour expliquer l'absence de McDo en Corse, la direction de McDonald's invoque des « difficultés logistiques ». Le groupe possède pourtant près de 1 200 restaurants en France et le pays est le plus rentable de la chaîne, juste après les États-Unis. C'est d'ailleurs à côté de Disneyland Paris qu'on trouve le McDo faisant le plus gros chiffre d'affaires au monde – Mc « Donald » chez Mickey, ça ne s'invente pas !

Au pays de la blanquette de veau et du cassoulet, où on compte 26 restaurants classés 3 étoiles au *Michelin* (plus 1 à Monaco), une telle domination de la marque jaune et de sa « malbouffe » paraît contradictoire. Pour certains, c'est justement l'influence de cette culture d'excellence culinaire qui explique le succès de McDo en France : pour être à la hauteur et plaire aux Français, la chaîne aurait été obligée d'élever la qualité de ses produits et de son accueil !

Aujourd'hui, l'influence s'inverserait-elle ? Le chef tri-étoilé Michel Bras vient en effet d'ouvrir à Toulouse le premier « fast-food 3 étoiles » : burgers, frites et nuggets y cèdent leur place à aligot, saucisses ou truffes.

Et pendant ce temps-là, Quick, concurrent direct de McDonald's, a ouvert deux restaurants en Corse. Ronald McDonald aurait-il eu peur de se faire plastiquer ?

OÙ PEUT-ON BIEN OU MOINS BIEN MANGER EN FRANCE ?

Les restaurants « 3 étoiles » au *Guide Michelin*

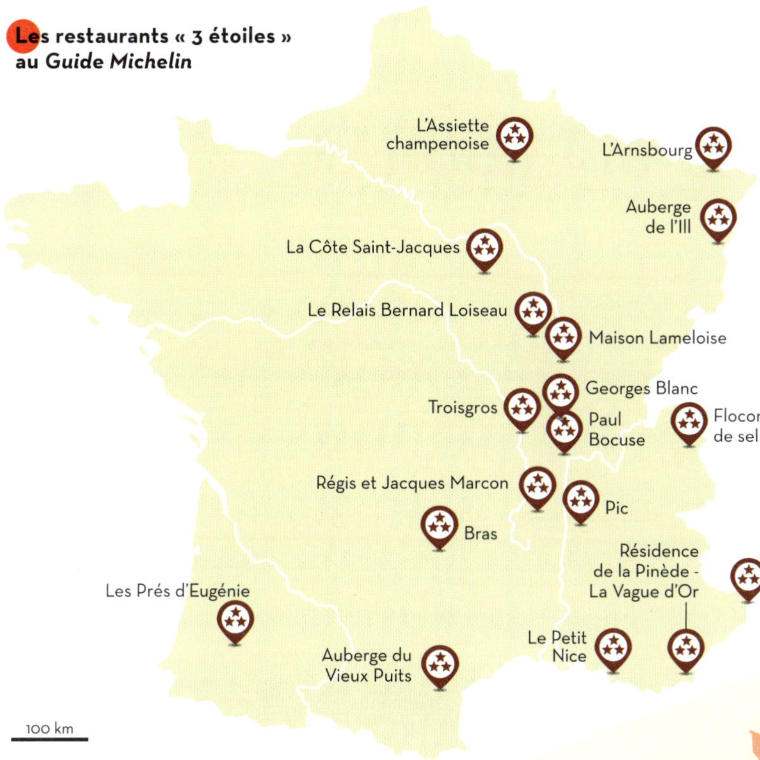

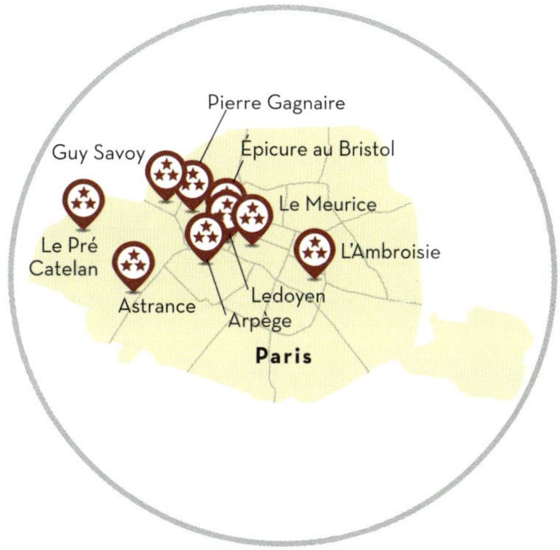

Source : *Guide Michelin*, 2014.

Les restaurants McDonald's

Nombre de restaurants McDonald's par département, pour 100 000 habitants (en 2009)

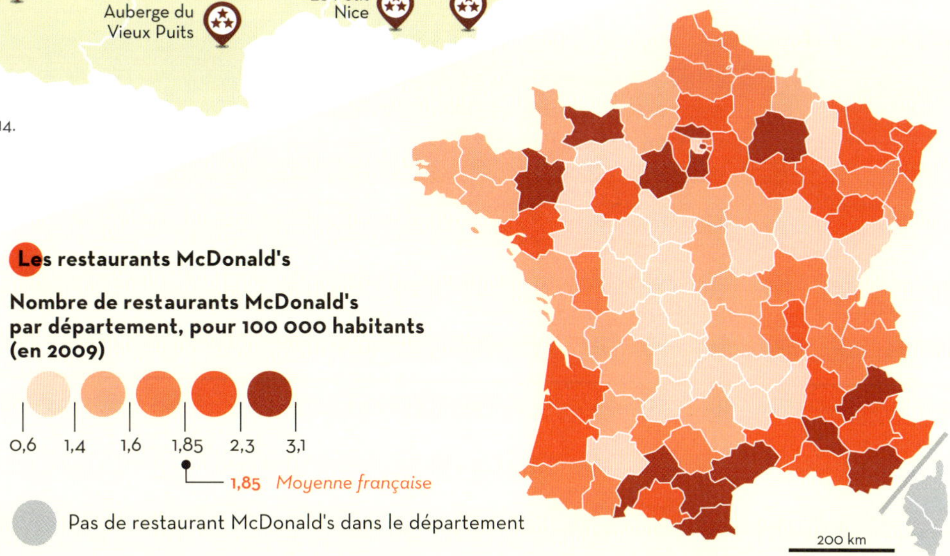

Source : McDonald's France, 2009.

La France, patrie des droits de L'HOMME-GRENOUILLE

Lorsqu'on apprend que la France, pays des *froggies*, ne possède qu'un unique élevage de batraciens sur son sol, on tombe des nues. Que faire ? Envoyer le GIGN ? Convoquer l'ONU ? Non… calmons-nous et analysons la situation.

S'il n'y a qu'un seul élevage de grenouilles en France, c'est parce que la raniculture n'est maîtrisée que depuis peu. La chasse à la grenouille étant par ailleurs interdite, la France est obligée d'importer majoritairement d'Indonésie les 8 000 tonnes de cuisses de grenouilles qu'elle consomme tous les ans. Que ce soit donc clair, la France reste en vert (!) et contre tout le premier consommateur de batraciens au monde : ouf !

Pourtant rien n'est gagné, car il se trouve que la « capitale mondiale de la grenouille » est située non pas en France, mais à Rayne, aux États-Unis ! Heureusement, en creusant un peu, on s'aperçoit que la ville de Louisiane doit son rayonnement international à des entrepreneurs français qui y montèrent à l'aube du XXe siècle un profitable business d'export de cuisses de grenouilles vers tous les restaurants du sud des États-Unis. C'est donc un peu grâce à la France si Rayne (dont les habitantes s'appellent peut-être les Raynettes ?) en est là aujourd'hui…

Enfin, mais ça n'a rien à voir, n'oublions pas que c'est Jacques-Yves Cousteau qui inventa l'homme-grenouille.

L'ÉLEVAGE DE GRENOUILLES EN FRANCE

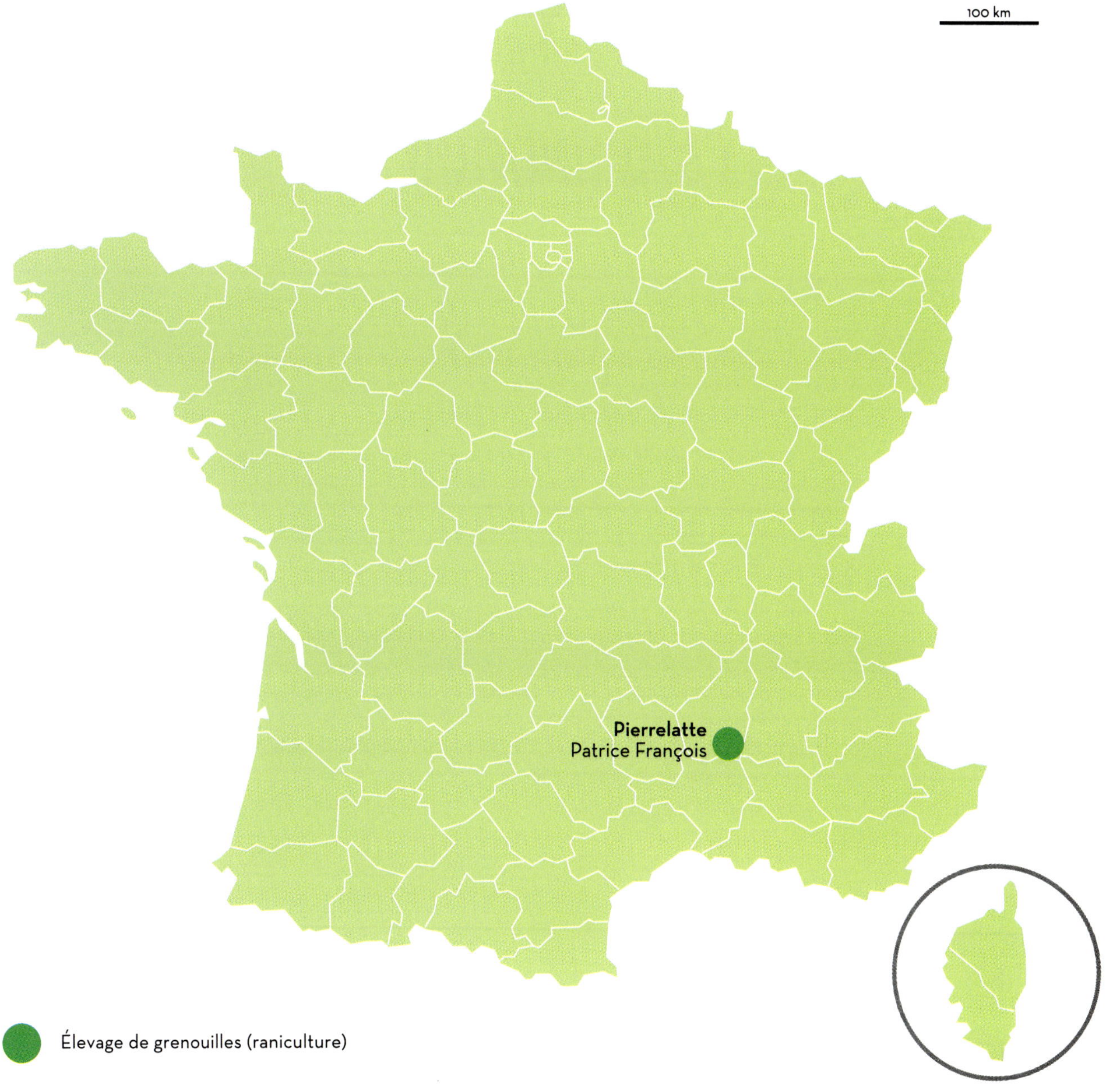

Sources : *Le Progrès*, *Midi Libre*, 2014.

La France, PAYS D'ANDOUILLES

Fumée, cuite, crue, aux herbes, à l'huile, épicée ou pas… l'éventail des possibilités est tel qu'il explique peut-être à lui seul la profusion de saucisses, andouilles et autres boudins que la France produit partout en masse. Au même titre que la tour Eiffel, Carlos ou « Intervilles », c'est un véritable patrimoine que tout un pays veut protéger !

Si la puissance publique intervient parfois en distribuant un « label rouge » par-ci (saucisse de Morteau) ou une « indication géographique protégée » par-là (knack de Strasbourg), les meilleurs défenseurs de la saucisse française restent les confréries, associations et autres assemblées de compagnons qui défendent une recette autant qu'un esprit…

C'est ainsi que la « Docte Insigne et Gourmande Confrérie des Taste-Andouilles et Gandoyaux du Val d'Ajol » promeut son andouille et décerne, chaque année, le Prix littéraire de l'andouille à un texte dont le sujet est « L'andouille sous tous ses aspects » et qui doit être rédigé sur papier sulfurisé de boucherie. Son lauréat reçoit une superbe andouille et devient membre de la confrérie. Ce prix est considéré aujourd'hui comme le Goncourt de la charcuterie.

LE TOUR DE FRANCE DES SAUCISSES EN TOUS GENRES

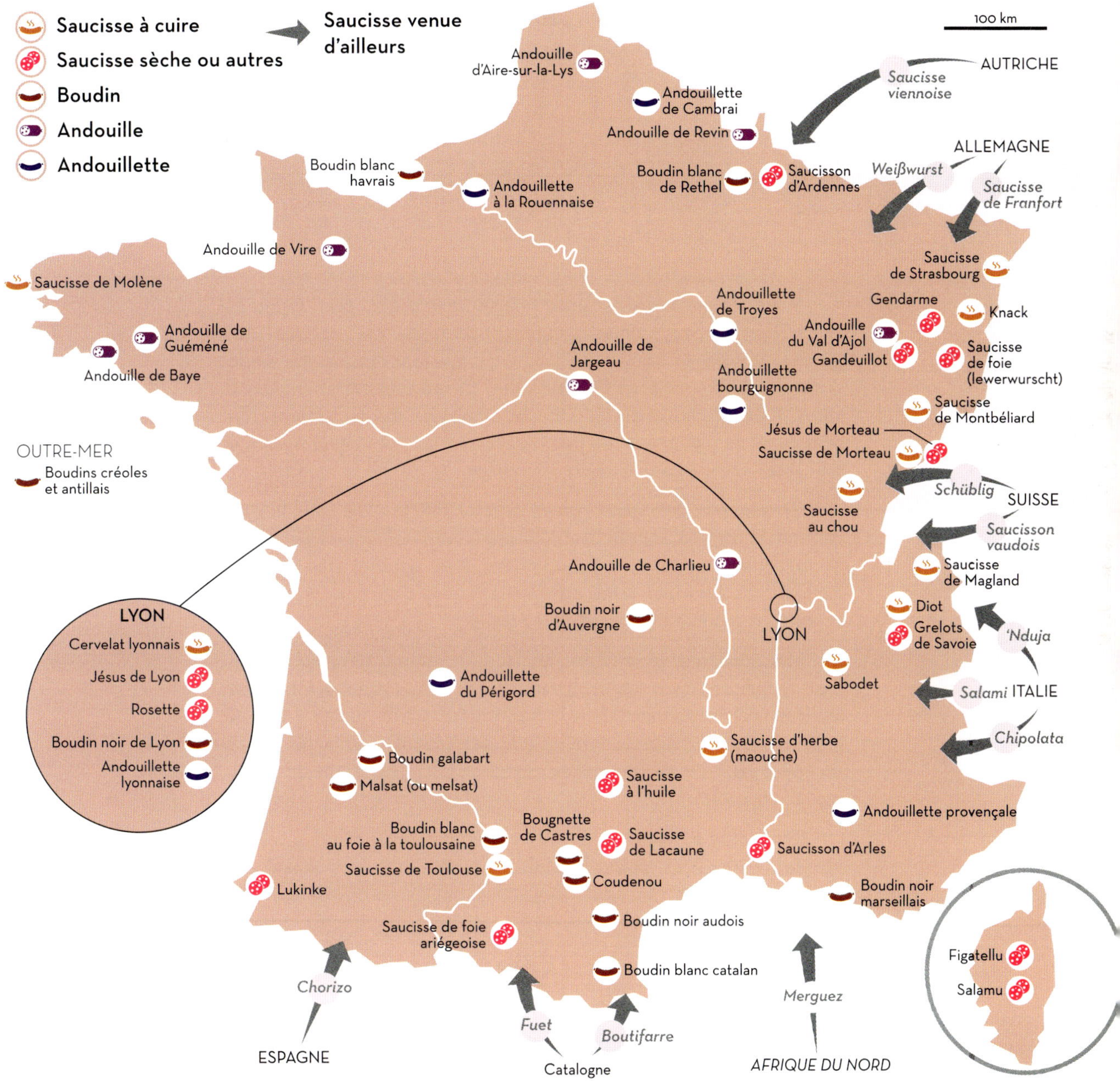

Source : www.infocharcuteries.fr, été 2014.

LE PAIN
de la discorde

Vous pensiez les conflits entre pouvoir central d'un côté, Aquitains et Occitans de l'autre depuis longtemps terminés, eh bien non ! Aux guerres, révoltes et frondes de tous types qui ont émaillé des siècles d'histoire de France dans le Sud-Ouest, il faut aujourd'hui ajouter la « guerre de la chocolatine ». Car les habitants du Sud-Ouest n'en démordent pas : pour eux, un pain au chocolat est une « chocolatine », et tout autre terme considéré comme sacrilège.

Certains n'hésitent pas à voir en cette singulière appellation le signe de l'éternel regret d'une population passée sous domination française au XVe siècle, après plus de deux cents ans d'un âge d'or sous contrôle anglais : « chocolatine » serait en effet la version courte de *chocolate in bread*… Impossible cependant de le prouver !

Mais alors que cette guerre qui dure depuis des temps immémoriaux semble ne jamais devoir s'arrêter, d'autres foyers de sédition se sont allumés un peu partout : dans le Sud-Est, on achète plutôt un « petit pain au chocolat » ; dans le nord de la France et en Alsace, on dit parfois un « petit pain » ; et en Bourgogne, certains parleraient même de « croissant au chocolat ».

Cependant ce sont nos cousins belges qui abritent le mouvement subversif le plus actif : là-bas, chocolatine se dit « couque au chocolat ».

LES DEUX NOMS DU PAIN AU CHOCOLAT

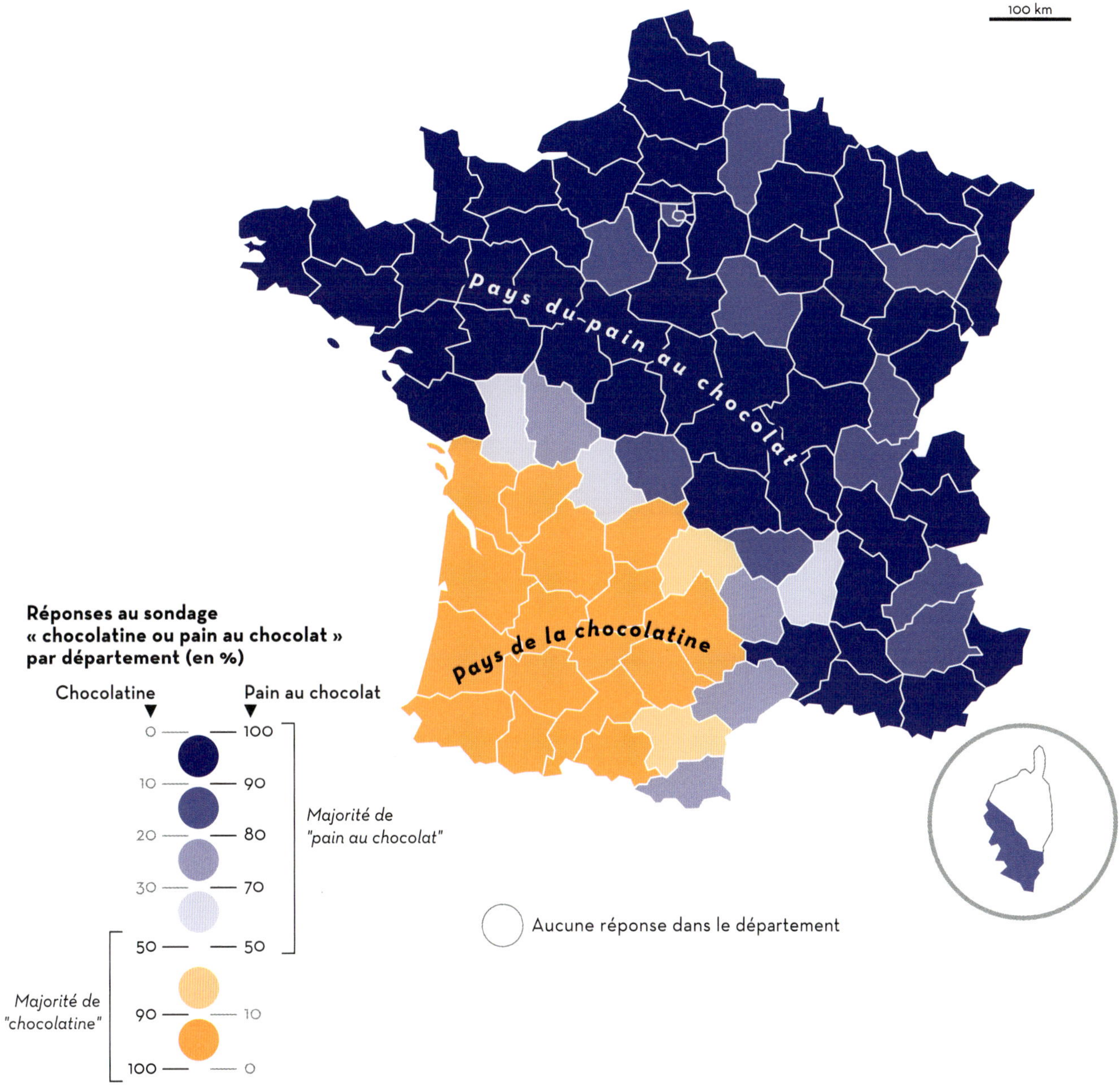

Source : www.chocolatineoupainauchocolat.fr, état fin mai 2014 (66 600 votants)

LA BISE EST VENUE,
nous laissant fort dépourvus

Vu de l'étranger, la bise est une curiosité bien française dont il est très difficile de maîtriser les usages tant les codes en sont compliqués… Faut-il faire la bise à ses beaux-parents ? À son patron ? À des inconnus ? Faut-il la faire en soirée ? En vacances ? Au travail ? Et surtout combien faire de bises ?! Qui n'a jamais vécu ce moment humiliant, où l'autre s'en est allé vers d'autres joues, vous laissant en plan dans une pose ridicule : tête en avant, en attente d'une bise de plus ?

Le nombre de bises pratiqué varie d'une région à l'autre, d'une ville à l'autre, d'un cercle de relations à l'autre… En fait, comme pour tous les usages, il n'y a pas de règles. Néanmoins, la carte ci-contre tente de donner quelques éléments de réponses à ceux qui cherchent désespérément un mode d'emploi. Il apparaît que la double bise est d'un usage dominant dans l'Hexagone mais que la triple et la quadruple bise offrent de vrais foyers de résistance. La simple bise semble en revanche en voie de disparition.

C'est d'ailleurs pour lutter contre la double bise qui grignote des parts de marché partout en France, et en particulier dans le Finistère, que se sont créés en 2014 le Grubub puis le Grubuq, groupements de réhabilitation de l'usage de la bise unique à Brest et à Quimper.

COMBIEN LES FRANÇAIS SE FONT-ILS DE BISES ?

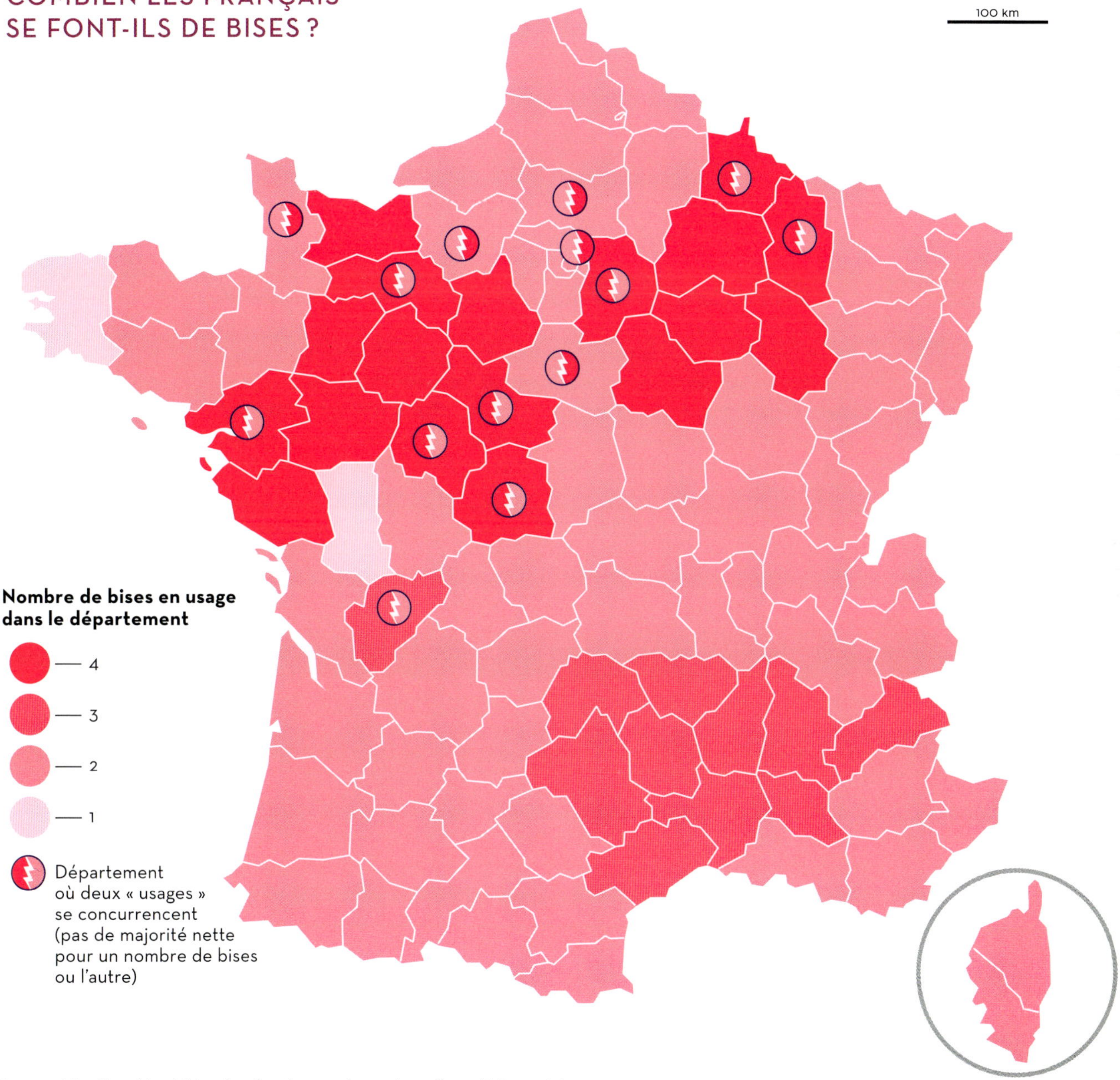

Source : http://combiendebises.free.fr : réponses à un vote en ligne, état au 15 juin 2014.

ATTENTION

chien plus méchant du tout

Que faire lorsque votre animal de compagnie passe l'arme à gauche? Si vous n'avez pas de jardin pour l'enterrer, vous pouvez aujourd'hui opter pour une crémation ou prendre une concession dans un des trente-huit cimetières pour animaux existant en France, ouverts pour la plupart depuis moins de trente ans. Chiens, chats, oiseaux, poissons, hamsters, singes, fennecs, tortues… la liste des animaux reposant dans ces cimetières d'un genre nouveau est presque aussi longue que la liste d'embarquement de l'Arche de Noé. Il n'y a que pour les chevaux que c'est moins évident : en France, seul le cimetière animalier de l'Oise les accepte, faute de quoi il faudra obligatoirement – c'est la loi – en passer par la case équarrissage. À moins d'obtenir une dérogation : des cracks comme Jappeloup ou Ourasi ont ainsi pu être enterrés dans les jardins de leur haras de retraite.

Le plus célèbre de ces cimetières pour animaux est sans conteste celui d'Asnières-sur-Seine, en banlieue parisienne. Sorte de Père-Lachaise animalier, il abrite de nombreuses «célébrités» : Rintintin, berger allemand né en France, star américaine des années 1920, seul animal à posséder son étoile sur Hollywood (wouf!) Boulevard, y repose depuis 1932. Ce lieu prestigieux n'attire cependant pas que les endeuillés et les curieux… En 2012, des pilleurs ont visité la tombe de Tipsy, défunt caniche d'une riche américaine, pour lui dérober le collier de diamants d'une valeur de 9 000 euros avec lequel il avait été inhumé.

LES CIMETIÈRES ANIMALIERS

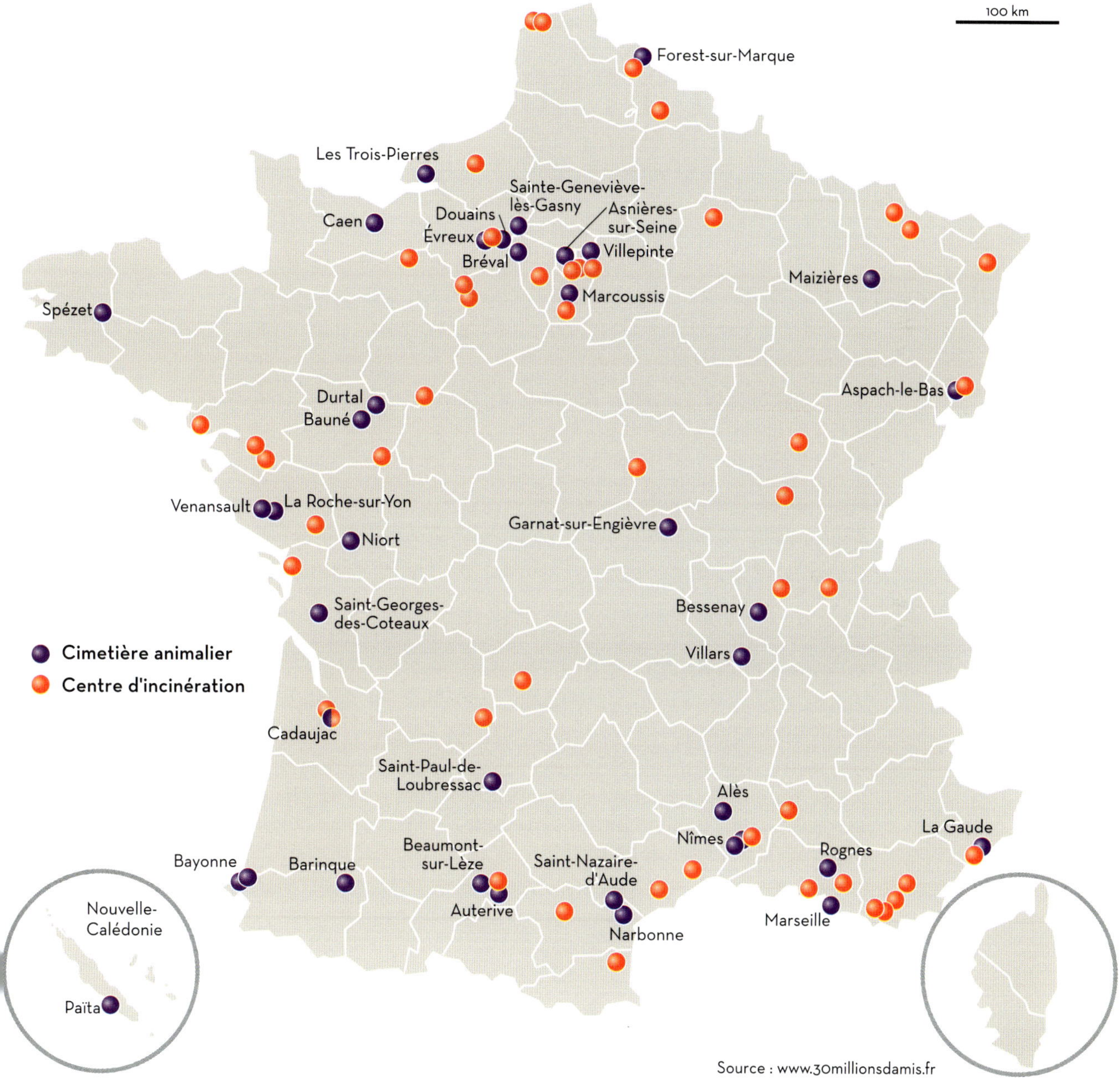

Source : www.30millionsdamis.fr

LA FRANCE
à musées

Il y a 1 243 établissements labellisés « musées de France » mais il y aurait dans le pays beaucoup plus de lieux ouverts au public abritant des expositions patrimoniales en tous genres.

Depuis quelques dizaines d'années, il y a inflation : chaque commune, chaque objet, chaque personne doit avoir son lieu commémoratif. C'est ainsi qu'on peut visiter le musée de la Torture de Carcassonne et connaître les différentes manières de brûler un hérétique au temps de l'Inquisition : rôti, grillé dessus dessous, avec ou sans huile. Ou le musée de l'Espadrille de Mauléon, ouvert pour perpétuer le souvenir de celle qui est en train de disparaître face à la tong. On peut également arpenter le musée des CRS de Vélizy et admirer un fourgon portant encore les traces d'un de leurs légendaires affrontements. Selon sa couleur politique, on peut aussi faire pèlerinage au musée du Septennat de François Mitterrand ou au musée Jacques Chirac : dans l'un et l'autre, on pourra voir les milliers de cadeaux que les deux chefs d'État ont chacun reçus lors de leurs mandats.

Dans un pays qui voue un véritable culte à son glorieux passé révolu, il n'est pas vraiment étonnant de voir fleurir partout ces « temples du souvenir ». La foi d'une nation en l'avenir est-elle inversement proportionnelle à son nombre de musées ?

MUSÉOGRAPHIE INSOLITE

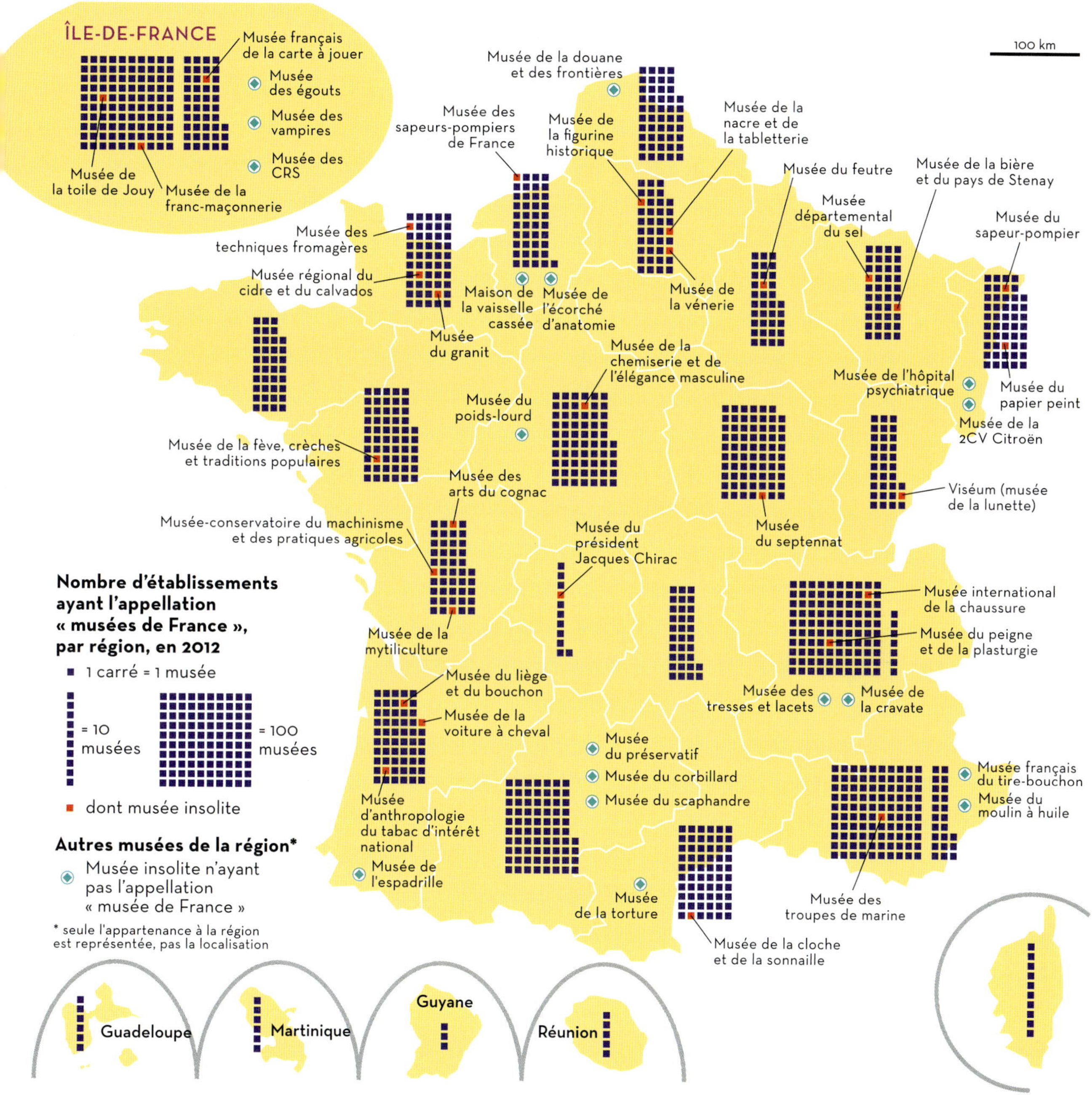

Source : Ministère de la Culture et de la Communication, liste des musées de France, data.gouv.fr, 2014.

5

ÉCONOMIE

€

EURO

comme un pape

Depuis 2002, la France a émis plus de 18 milliards de pièces de monnaie! En 2013, on estimait qu'il n'en restait plus que 10 milliards en circulation sur le territoire français. Mais que sont devenues les autres? Les pièces qui ont le plus disparu sont celles de 1 et 2 centimes : 60 % d'entre elles ont fini avalées par les canapés, lave-linge et autres fontaines porte-bonheur de France et d'ailleurs. Un vrai génocide!

Quant aux autres, plus grosses, appliquant à la lettre les principes de Schengen sur la libre circulation, elles émigrent. Exactement comme le font des milliards de pièces allemandes, belges ou espagnoles chaque année vers la France. C'est ainsi que près de 60 % des pièces de 2 euros utilisées dans l'Hexagone sont issues de l'immigration. Une immigration qui touche curieusement moins les euros d'Italie… ou du Vatican! S'il est normal de ne jamais voir d'euros à l'effigie du pape, tant ils sont rares et prisés des collectionneurs, c'est plus étonnant pour ceux de la république italienne : aurait-on oublié d'ouvrir les frontières avec le voisin transalpin?

Devant ce melting-pot d'euros de tous les pays, que fera-t-on le jour où, comme il est parfois proposé, la France fermera ses frontières en reniant Schengen? Cherchera-t-on à reconduire les euros étrangers à la frontière au risque de plonger toute une catégorie de pièces dans la clandestinité et la misère? Ou au contraire les régularisera-t-on en masse?

ORIGINE DES EUROS ÉTRANGERS EN FRANCE EN DÉCEMBRE 2011

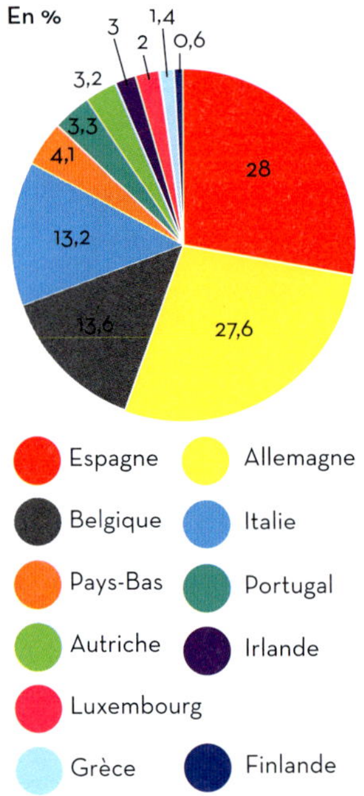

Source : *ibid.*

LA DIFFUSION DES EUROS DEPUIS LEUR CRÉATION

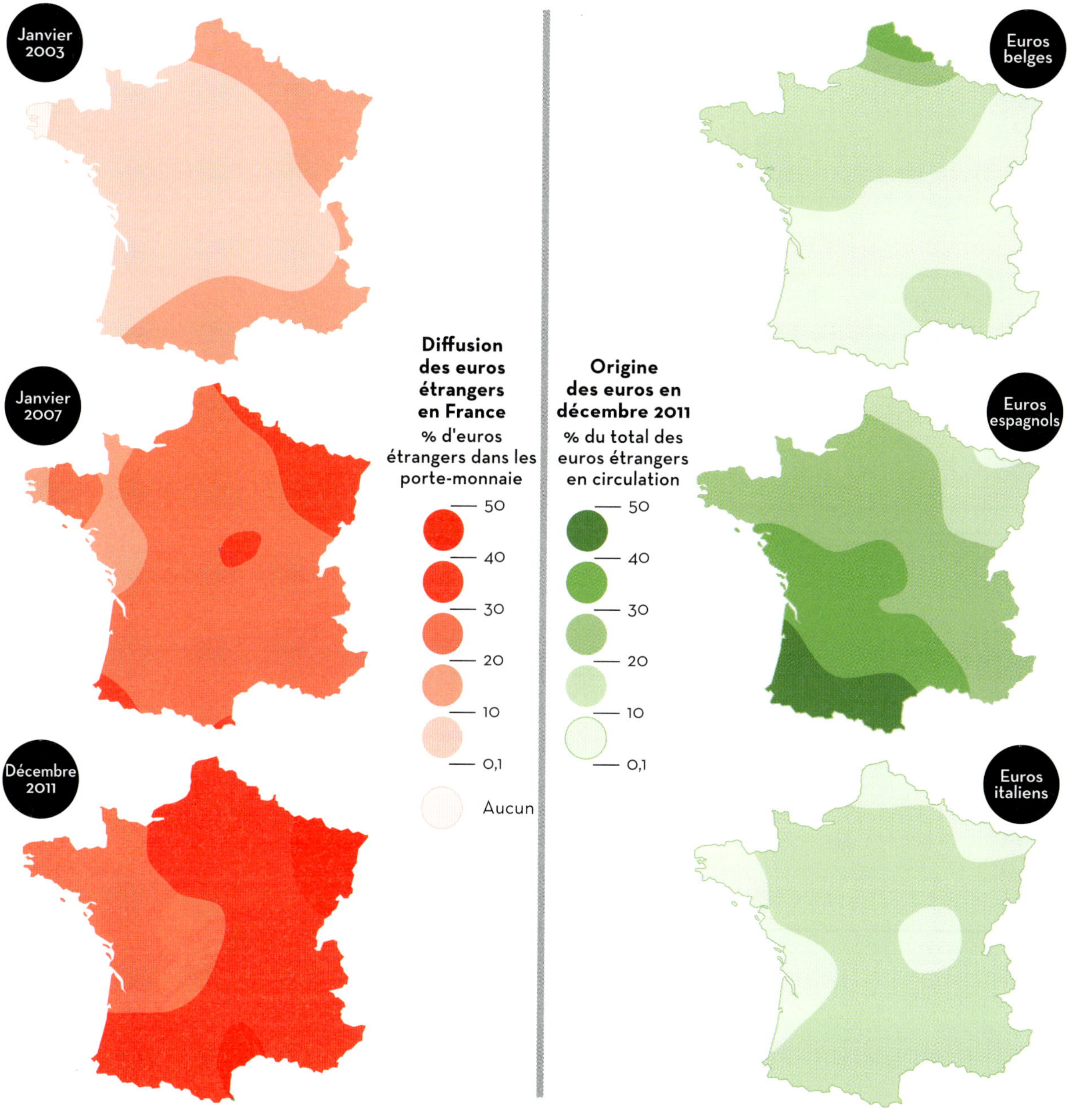

Source : C. Grasland et al., *Population and Societies*, n° 488, Ined, avril 2012.

La fraude fiscale : TOUT UN FROMAGE !

Les valises de billets qui passent en Suisse coûteraient chaque année à l'État 60 à 100 milliards d'euros en recettes fiscales perdues. Bercy lutte et, en 2014, 741 affaires ont fini au tribunal. C'est Paris qui compte le plus de fraudeurs avec 25 % des cas recensés pour à peine 3,3 % de la population. Les Parisiens sont-ils plus malhonnêtes… ou moins malins ?

Avec la crise, la pression sur les paradis fiscaux s'est aussi accrue. Et ça a marché : l'Autriche, le Luxembourg et la Suisse ont décidé il y a peu d'abandonner leur sacro-saint secret bancaire. Même pas drôle : la France n'a pas eu besoin de faire le blocus de ces pays, comme en 1962 avec Monaco, pour obtenir la révision du statut fiscal des Français y résidant.

Mais la fraude fiscale, ce n'est pas que de l'évasion fiscale… Au XIIIe siècle, les éleveurs de Savoie prirent pour habitude de faire une « bloche » (une traite) incomplète de leurs bêtes afin de payer moins de taxes sur le lait. La « re-bloche », moins abondante mais plus crémeuse, faite la nuit en l'absence de contrôle, servait alors à produire un fromage… qu'on appela « reblochon ».

La lutte contre la fraude fiscale fera-t-elle un jour disparaître le reblochon ?

LES FRAUDES FISCALES CONSTATÉES PAR DÉPARTEMENT

Nombre de cas de fraudes fiscales constatés par la police et la gendarmerie nationales, par département, en 2013

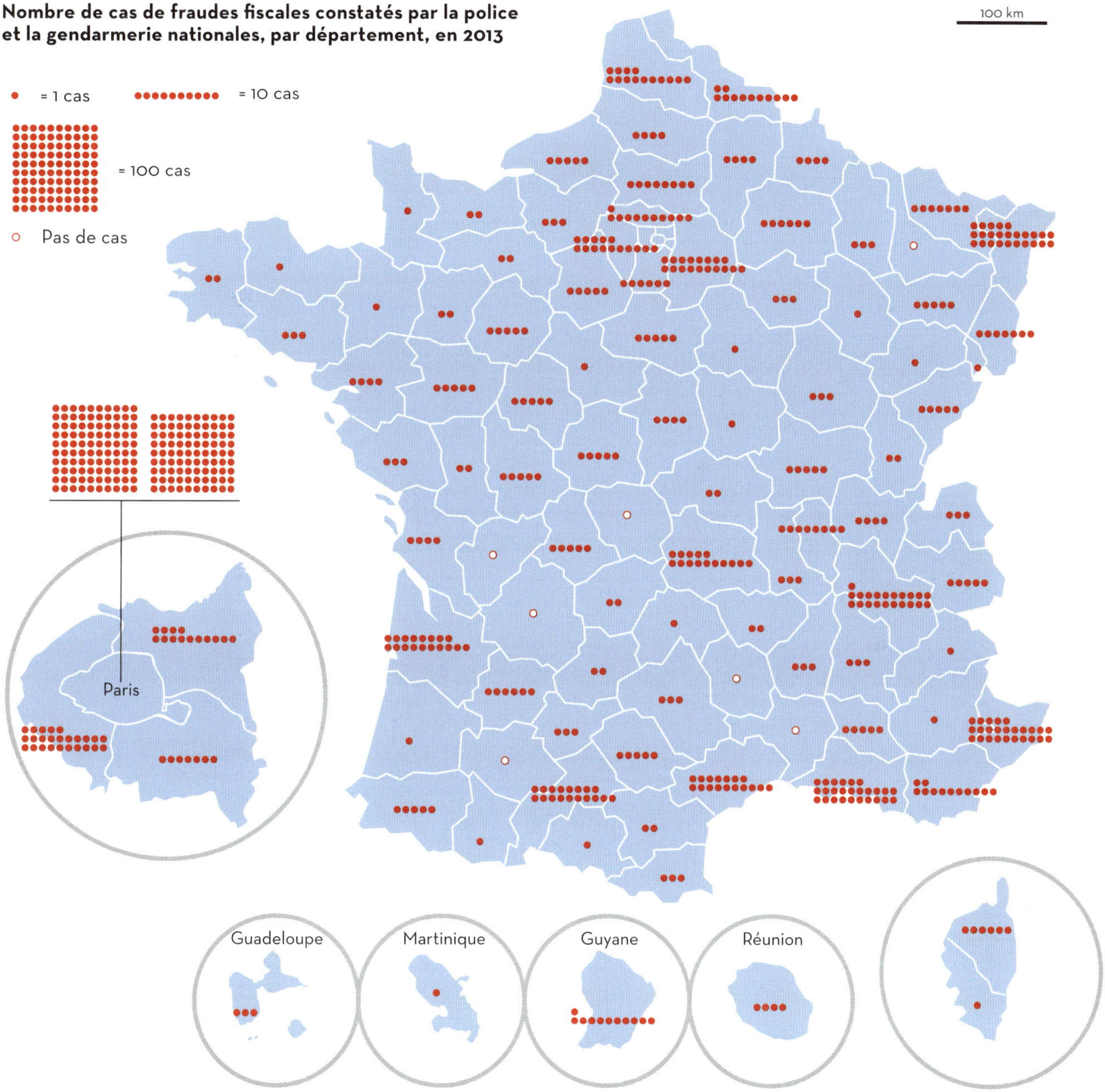

Source : Institut national des hautes études de la sécurité et de la justice, Obervatoire national de la délinquance et des réponses pénales, Crimes et délits constatés par la police et la gendarmerie nationales par département (données en ligne), 2014.

Comme Crésus…
OU JOB

C'est quoi un riche, c'est quoi un pauvre ? Pour l'Observatoire des inégalités, un Français vivant seul est riche lorsqu'il gagne plus de 2 917 euros par mois. Et il est pauvre lorsqu'il gagne moins de 729 euros par mois.

Qui est riche en France ? Liliane Bettencourt, Serge Dassault, Bernard Arnault… Oui, mais aussi Jean-Pierre Pernaud, Katherine Pancol, Alain Delon, Jenifer ou Sim (euh non, lui, il est mort). Et qui est pauvre en France ? Et bien, mis à part Patrick Topaloff lorsqu'il était SDF ou Mallaury Nataf, il n'y a aucun pauvre célèbre ! Car à l'injustice d'être pauvre, il faut ajouter celle de ne pas exister : le pauvre est un soldat inconnu de la lutte des classes.

En attendant, depuis que le monde connaît la crise, les écarts se creusent : toujours selon l'Observatoire des inégalités, entre 2008 et 2011 en France, la richesse des plus riches a augmenté de 3,2 % tandis que la « richesse » des plus pauvres a diminué de 4,8 %. Et en 2010, les cinq familles les plus riches de France possédaient autant que l'ensemble des 30 % les plus pauvres…

« La lutte des classes existe, nous sommes en train de la gagner, alors que nous ne le devrions pas », expliquait en 2005 le milliardaire philanthrope américain Warren Buffett.

RICHES ET PAUVRES SUR LE TERRITOIRE

Les quartiers prioritaires (17 juin 2014)

- Commune comptant un ou plusieurs quartiers où plus de la moitié de la population vit avec moins de 11 250 euros par an

17 Nombre de quartiers prioritaires par région

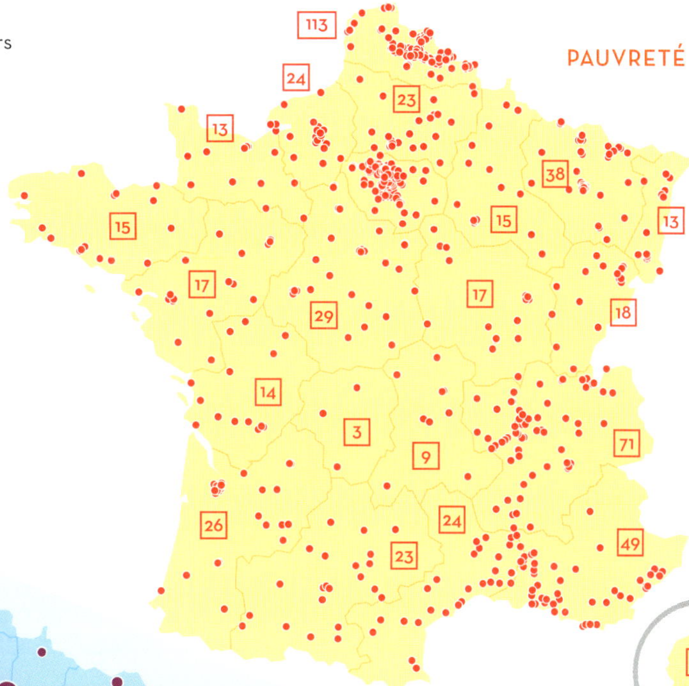

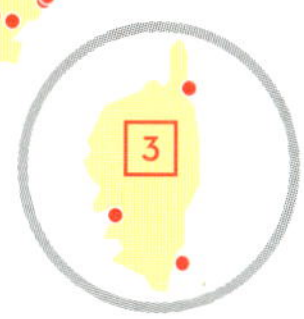

Source : ville.gouv.f, été 2014.

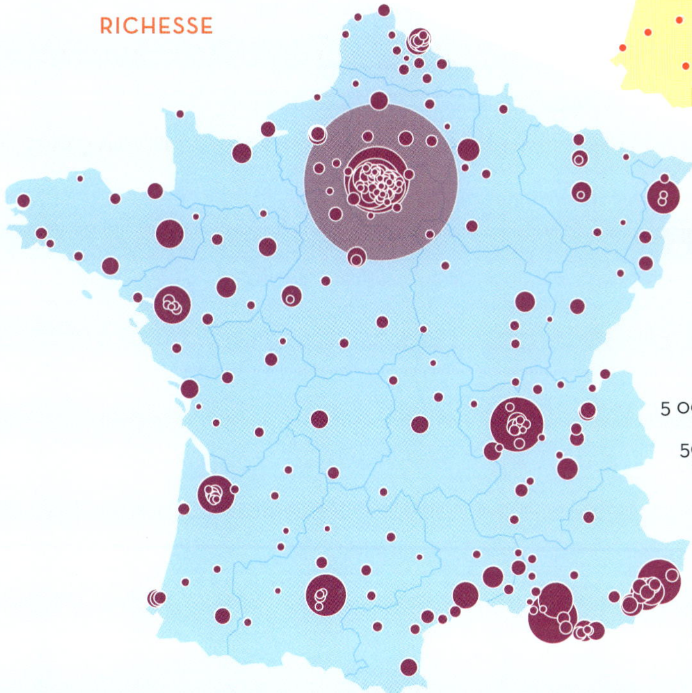

Nombre de redevables de l'impôt de solidarité sur la fortune (ISF) par commune de plus de 20 000 habitants, en 2012

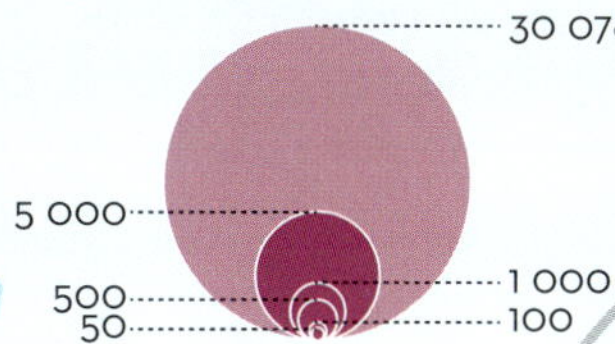

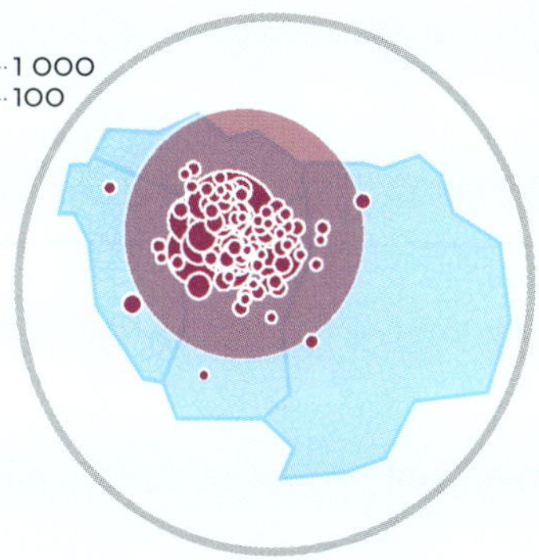

Seules les communes comptant plus de 50 redevables sont représentées.

Source : Direction générale des impôts, 2014.

Anti plan social, tu perds ton SANG-FROID !

Virgin, Continental, Fagor, Doux… Des marques devenues malgré elles synonymes de plans sociaux, licenciements et chômage dans une France dont le tissu industriel se délite : voilà pour le cliché.

En 2013, ce sont 909 plans sociaux qui ont eu lieu en France. La grande majorité d'entre eux (379) ont frappé l'Île-de-France. Une nouvelle qui ravira ceux qui détestent les Parisiens : les entreprises de la capitale virent massivement, chouette ! Fausse joie cependant : beaucoup d'entre elles ont certes leur siège social en région parisienne mais licencient en fait à distance… Un plan social déclaré dans les Hauts-de-Seine peut alors très bien concerner des emplois en région Paca. Ainsi, non content de venir emmerder tous les étés les habitants du Var ou des Bouches-du-Rhône en envahissant leurs plages, le Parisien a aussi le pouvoir de les mettre à la porte…

Cependant, ne nous leurrons pas : les plans sociaux ne sont que la partie émergée de l'iceberg d'une situation de l'emploi préoccupante : sur 100 nouveaux chômeurs, 25 sortent de CDD, et seuls 2 à 3 sont là à cause d'un plan social.

Saviez-vous d'ailleurs que « plan social » est un terme qui n'existe plus officiellement ? Depuis 1989, on parle de « plan de sauvegarde de l'emploi » ! Belle ironie.

LES PLANS DE SAUVEGARDE DE L'EMPLOI EN 2013

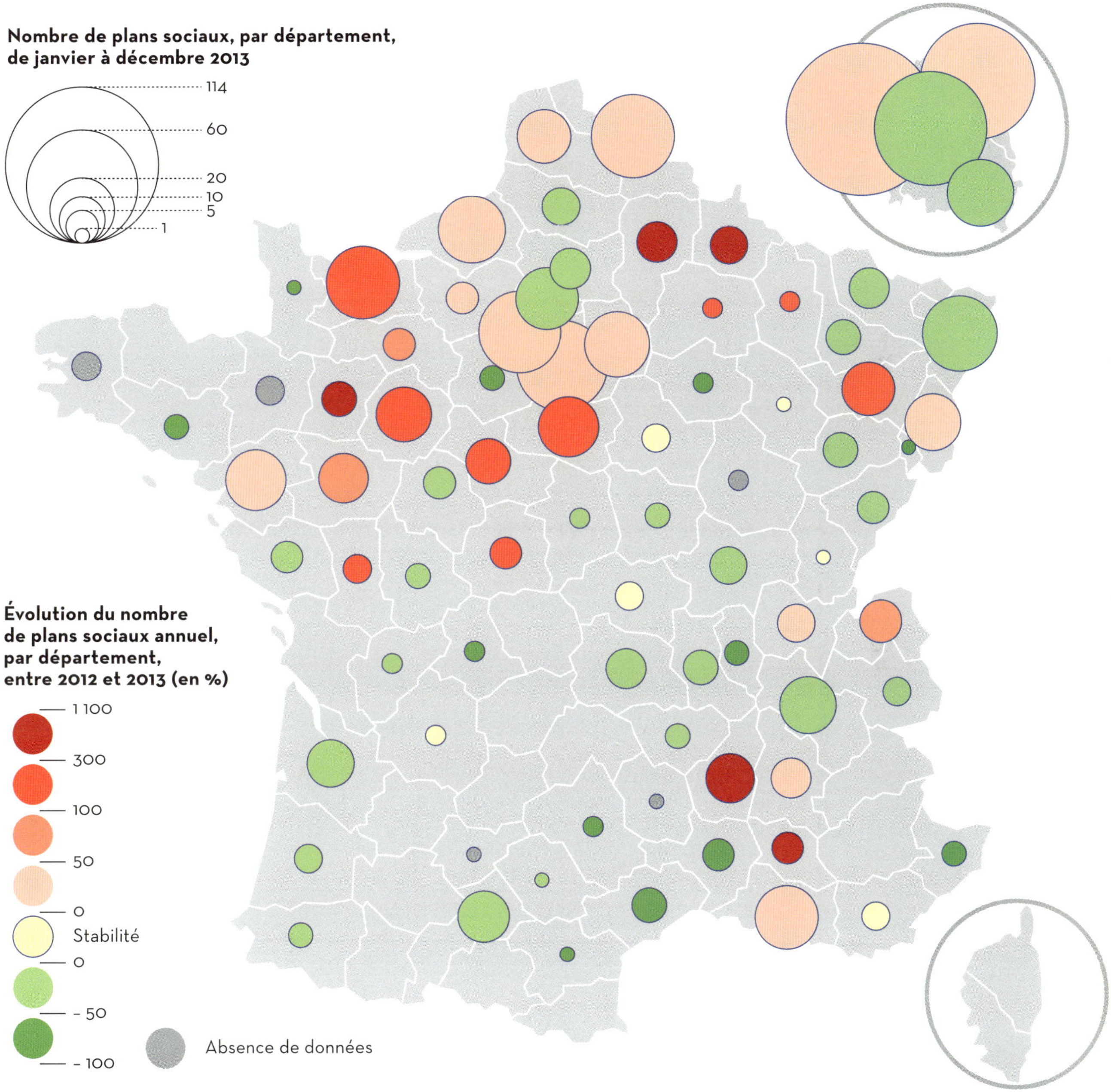

Source : Direction de l'animation, de la recherche, des études et des statistiques, juin 2014.

Alors, c'est l'histoire de LOTO…

Où faut-il vivre en France pour gagner au Loto ? Est-ce dans la Somme où il y a eu huit paris victorieux ? À Paris, où quarante-neuf joueurs ont empoché une grosse somme ? Dans le Lot où trois personnes ont touché un jour un gros lot ? Non, apparemment, c'est dans la Creuse qu'il faut habiter : il y a là en effet, comparé à sa population, plus de gagnants qu'ailleurs. Cette information sera-t-elle de nature à repeupler le second département le plus vide de France ?

Alors bien sûr, une fois gagné, il ne faudra pas oublier d'aller chercher son dû : depuis 1991, ce sont vingt-et-un gains de plus de 1 million d'euros que des étourdis ont oublié d'empocher. C'est ballot !

Que faire ensuite de tout cet argent ? Contrairement aux idées reçues, les gagnants du Loto pètent rarement les plombs en jouant tout au casino : ils ont plutôt tendance à remplir leur livret A et leur LDD.

Avant de jouer enfin, n'oubliez pas que vous avez une chance sur 14 millions de gagner au Loto. Ça n'a pas empêché un Français de Montpellier de gagner deux fois : 19 millions de francs en 1996, 3 millions d'euros en 2011. L'homme en question dit qu'il a une « bonne étoile ». Sans blague !

LES 20 PLUS GROS GAINS DU LOTO DEPUIS 2000

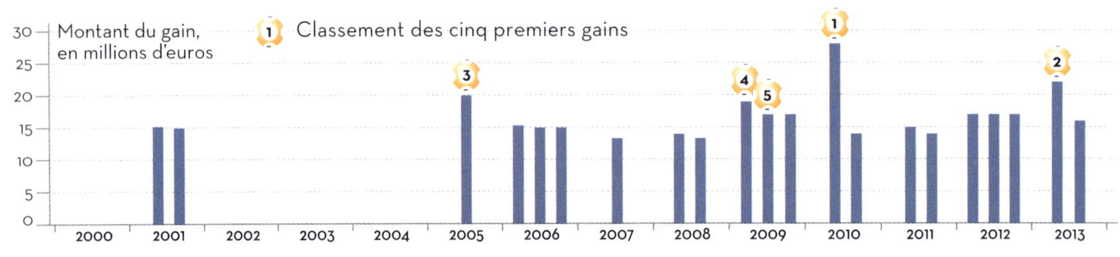

RÉPARTITION DES PLUS GROS GAGNANTS DU LOTO

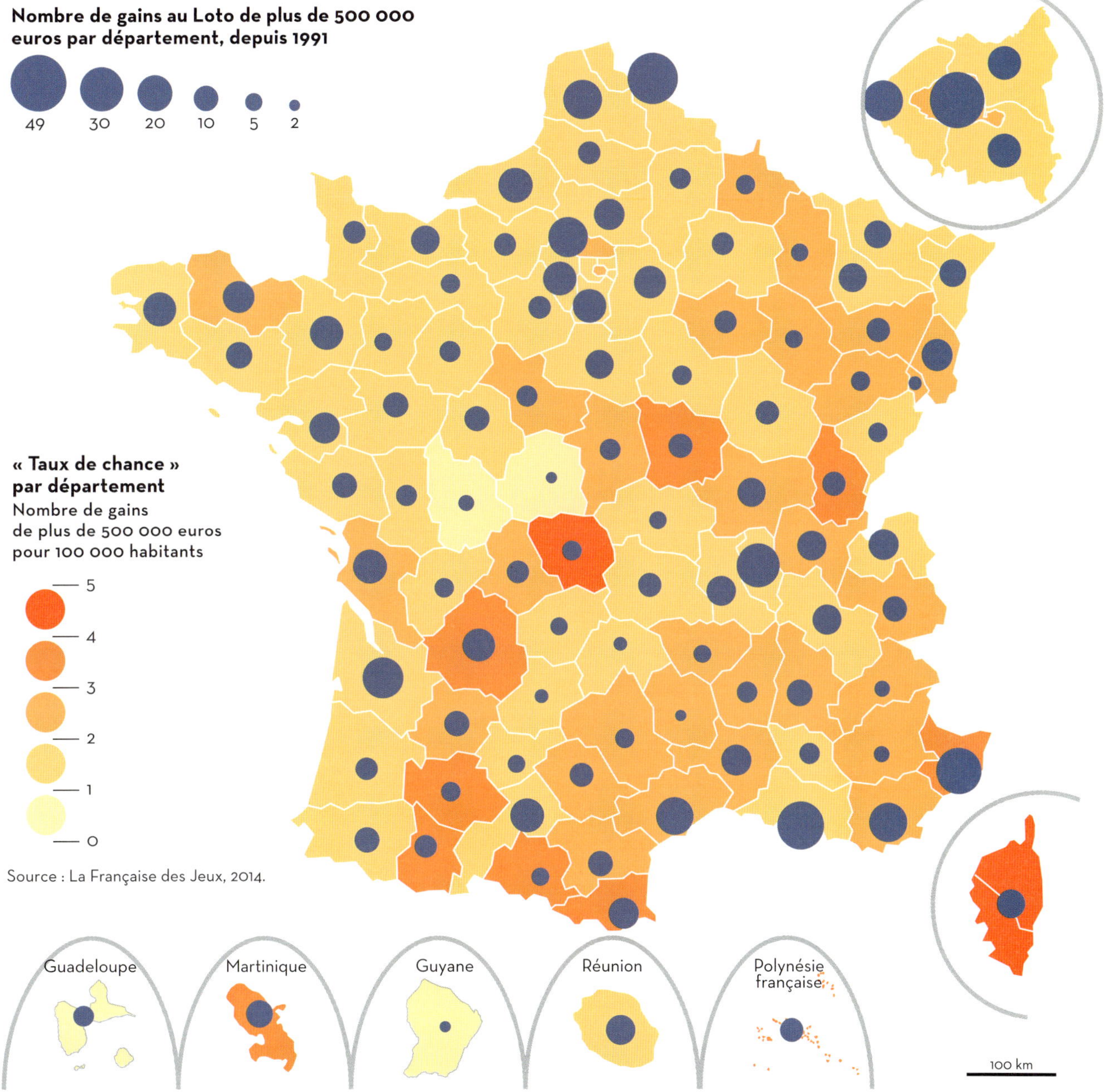

Source : La Française des Jeux, 2014.

À vos MARQUES !

Vous êtes Parisien et vous avez une maison à retaper à Biarritz. Pas de panique, l'organisation est toute trouvée : équipez-vous d'un camion Renault, prenez l'A10, arrêtez-vous d'abord à Orléans chez Mr Bricolage, continuez sur l'A71 puis l'A20 jusqu'à Limoges pour acheter vos fournitures électriques chez Legrand, avant d'emprunter l'A89 vers Bordeaux pour y récupérer toute votre déco au Gifi du coin. Pratique cet enchaînement de marques connues.

Ailleurs cependant, votre voyage à la découverte des marques régionales les plus célèbres s'apparentera davantage à un tour de France des spécialités locales : Amora vers Dijon, Ricard autour de Marseille, Moët en Champagne, Hennessy à Cognac, Évian vers… Évian. Quel ennui ! Dans d'autres cas, c'est le poids prépondérant de l'entreprise dans l'économie de la région qui explique à lui seul la célébrité de la marque : Peugeot en Franche-Comté, Michelin en Auvergne, Airbus en Midi-Pyrénées. Pour comprendre pourquoi Béghin Say est une marque reconnue en Picardie, il faut savoir que la région récolte chaque année le tiers de la production nationale de betteraves sucrières !

Enfin, si vous passez par la Lorraine, abandonnez les sabots, préférez les Mephisto, c'est bien plus local.

LES ENTREPRISES FRANÇAISES LES PLUS CONNUES DANS LEUR RÉGION D'ORIGINE

Source : Daily Geek Show, 2014 ; données Sofres.

LE PETIT COMMERCE
en détails

On a longtemps cru que le commerce de proximité allait disparaître face à la concurrence implacable des grandes surfaces. Que nenni! S'il est vrai qu'il délaisse peu à peu les campagnes, dans l'ensemble, il se maintient tout de même assez bien.

Alors, y a-t-il une géographique des commerces? On trouve plus de poissonneries sur les côtes (sûrement parce qu'il est plus pratique de pêcher en mer qu'à la montagne), davantage de magasins d'habillement dans les Alpes (où il fait froid!) et plus de parfumeries chez les Corses – est-ce pour mieux camoufler l'odeur de leur légendaire fromage? À l'inverse, les boucheries-charcuteries sont partout: le secteur embauche, au contraire des librairies qui ferment les unes après les autres (d'ailleurs, merci à toi lecteur de t'être procuré cet ouvrage).

Au final, près d'une commune rurale sur deux n'a aucun commerce. Avec ici aussi de vraies disparités : en Bretagne, seule 4% de la population rurale vit dans une commune sans commerce de proximité, alors qu'en région picarde, ce sont 70% des communes qui en sont dépourvues. Heureusement, il y a la voiture… et les Picards mettent moins de quatre minutes pour rejoindre la boutique la plus proche. C'est pour ça qu'il faut aussi des stations-service : ça tombe bien, il y en a plein.

LES COMMERCES LES PLUS SUR-REPRÉSENTÉS

Nombre de communes où le type de commerce est le plus sur-représenté (par rapport à la moyenne)

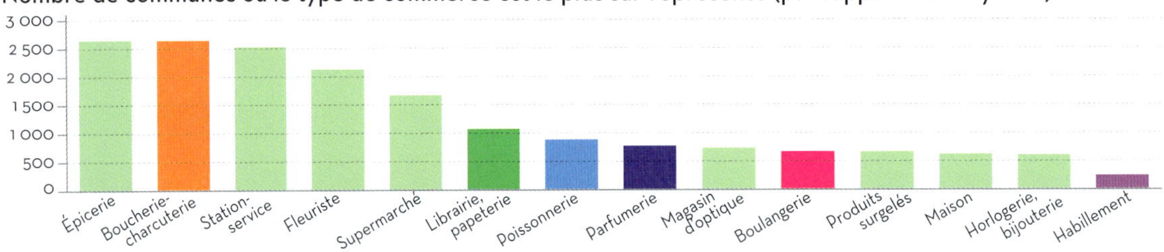

LES COMMERCES DE BOUCHE ET DE BIENS DANS NOS COMMUNES

Sur-représentation des commerces dans les communes françaises par rapport à la moyenne nationale :

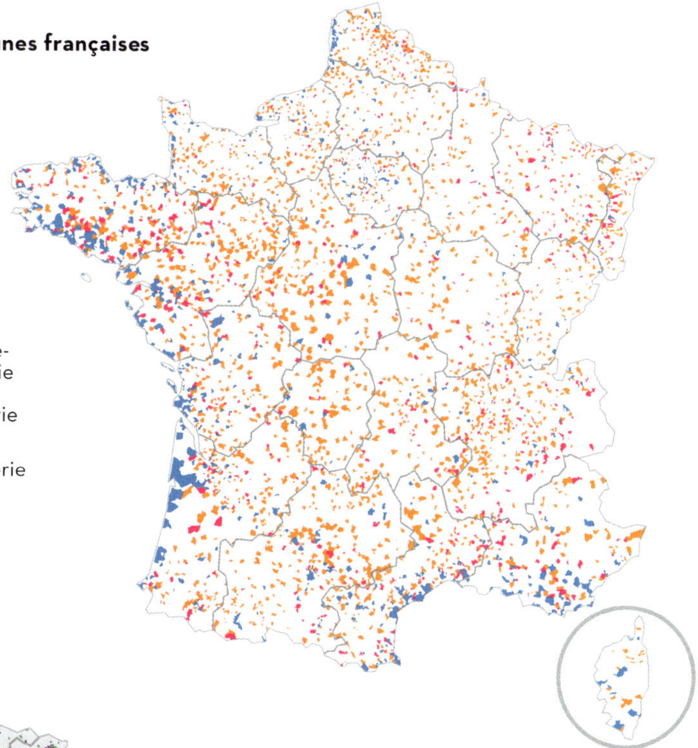

Commerces de bouche

- Boucherie-charcuterie
- Boulangerie
- Poissonnerie

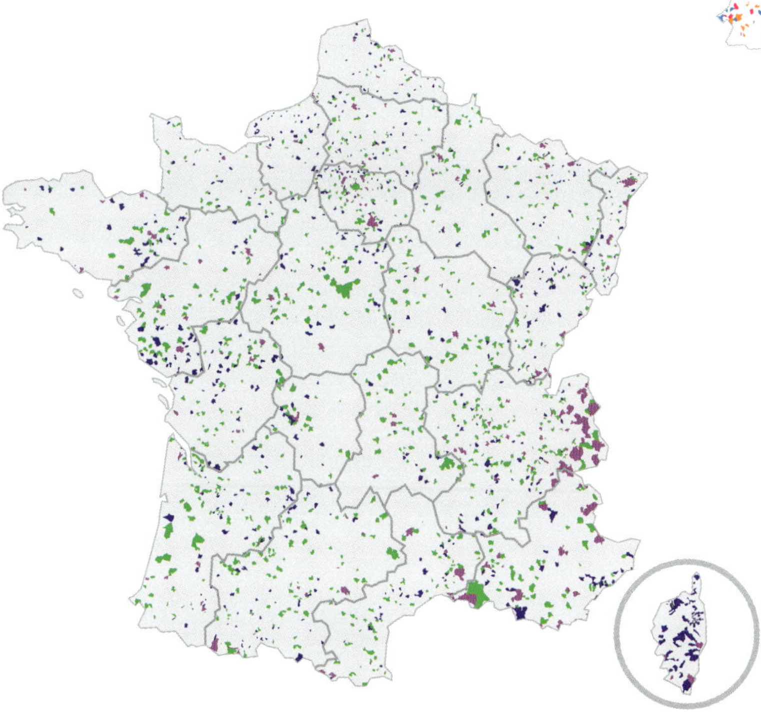

Commerces de biens

- Librairie, papeterie, journaux
- Magasin d'habillement
- Parfumerie

Source : Insee, 2012.

TABAC

FIER

comme un bar-tabac

Non, le buraliste ne vend pas des bureaux : le buraliste vend du tabac. Considéré comme dépositaire du monopole de l'État sur la vente de tabac, il n'est pas vraiment libre : ses marges sont fixes, il doit avoir en permanence trois jours de tabac en réserve, il ne peut pas fermer plus de deux jours par semaine ni prendre plus de six semaines de congés par an… et plein d'autres règles contraignantes ! Il a en outre l'obligation d'afficher la « carotte », ce symbole rouge souvenir de l'époque où le tabac était vendu en rouleau qui, une fois râpé par le fumeur, ressemblait à une carotte… Étrange pour un lieu où l'on vend plus volontiers de la prune, de la poire ou de la mirabelle…

Car le bar est très souvent le complément du bureau de tabac : le buraliste a le droit, en effet, d'avoir d'autres activités. Et c'est ainsi que bar-tabac-PMU et autres bar-tabac-presse sont devenus de véritables repères (repaires ?) dans toutes les communes de France, en particulier dans le Nord, patrie du picon-bière, et en Bretagne où, c'est bien connu, on n'a pas de montagne, mais une bonne descente.

Mais face à la crise et à l'érosion des ventes de cigarettes, les buralistes cherchent aujourd'hui à se diversifier : relais-colis, banque et même « love-shop » (comme un sex-shop mais en plus chic) ouvrent ainsi dans les tabacs. Les buralistes n'ont peur de rien !

LES BURALISTES DE FRANCE

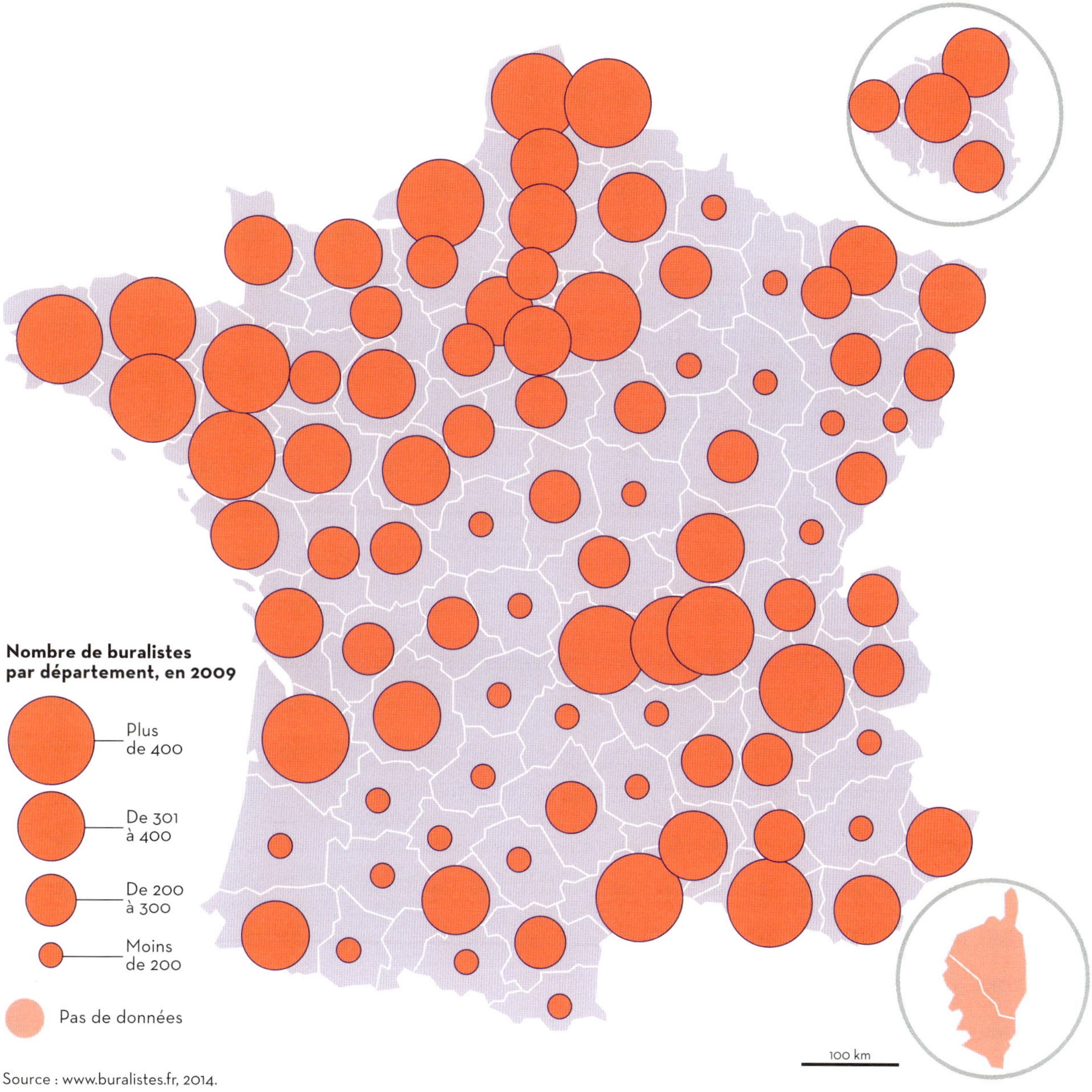

Source : www.buralistes.fr, 2014.

CONSOMMATION
éclectique

La Normandie boit du calvados, le Sud-Ouest de l'armagnac et la Champagne… du champagne. Au premier coup d'œil, on a l'impression que c'est toute la France qui se saoule : la moitié des départements « surconsomme » en effet son alcool local. Quant à l'autre moitié, elle se gave de produits non moins locaux : crème de marrons en Ardèche, nougat à Montélimar, cuisses de grenouilles et escargots en Bourgogne. Cependant, tous ces chiffres sont certainement amplifiés, il faut le dire, par les emplettes des touristes de passage.

Au milieu de tous ces clichés, il y a quand même quelques surprises. Les champions de la surconsommation sont haut-saônois : ils achètent vingt fois plus de fruits à l'alcool que le reste des Français. Qui savait à ce propos que les fruits à l'alcool étaient une spécialité franc-comtoise ? Dans l'Oise, on surconsomme les viennoiseries surgelées (pourquoi ?) et dans le Cher, on boit du madère (certainement pour la rime).

Mais ces chiffres peuvent aussi poser d'autres questions… Boit-on plus d'infusions en Haute-Savoie parce qu'il fait froid ? Les départements dans lesquels on mange davantage de caviar sont-ils plus riches ? La surconsommation de cidre à Nantes est-elle une preuve du caractère breton de la Loire-Atlantique ? Un dernier élément de nature à raviver le vieux débat du rattachement de ce département à la région Bretagne…

LES PRODUITS SURCONSOMMÉS PAR DÉPARTEMENT

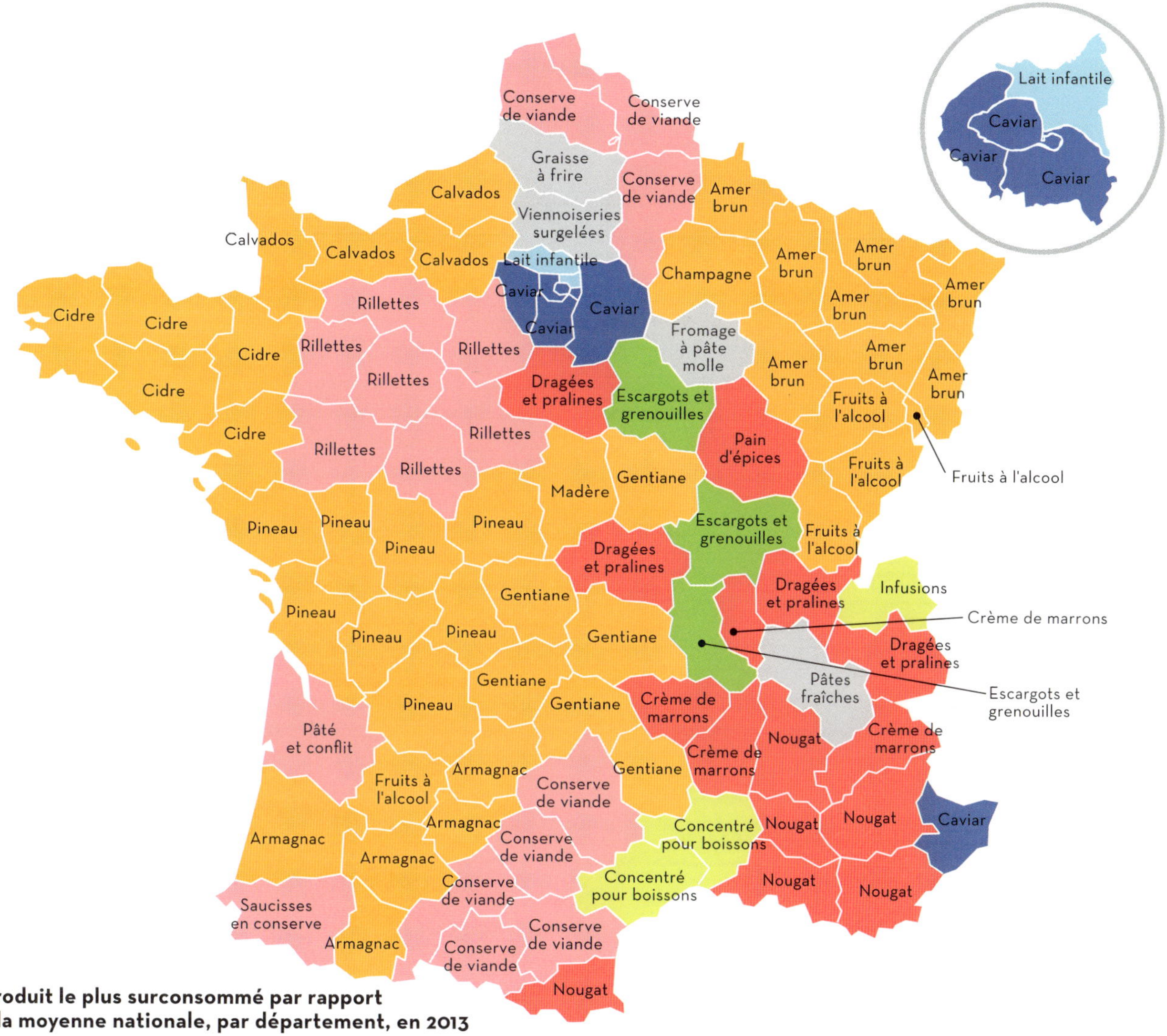

Produit le plus surconsommé par rapport à la moyenne nationale, par département, en 2013

Types de produits

- Boissons alcoolisées
- Charcuterie, viande
- Desserts et confiseries
- Produits infantiles
- Boissons non alcoolisées
- Batraciens et gastéropodes (produits surgelés)
- Produits de luxe
- Autres

Source : « Les aliments les plus surconsommés par département : la carte 2014 », *Journal du Net*, 2014. Données fournies par Nielsen. Ne sont comptabilisées que les catégories représentant des ventes supérieures à 2 millions d'euros par an.

100 km

Tartarin au pays de L'OR NOIR

On pourrait penser que le seul pétrole que la France n'ait jamais produit est le Pétrole Hahn, eh bien c'est faux ! En effet, chaque jour sont extraits 3,2 millions de litres d'or noir du sous-sol français ! Mais calmons-nous… Les réserves jusqu'ici découvertes sont très modestes et, au rythme actuel d'extraction, ne couvrent que 2 % de la consommation du pays.

La France est en conséquence obligée d'acheter 98 % de son pétrole à l'étranger et, comme beaucoup de pays dépendants des importations, elle s'est constitué des « stocks stratégiques », équivalents à 98,5 jours (c'est précis) de consommation domestique de produits pétroliers. Ces réserves sont disséminées un peu partout sur le territoire. On trouve la plus grande d'entre elles, et la seule qui soit souterraine, à Manosque, dans les Alpes-de-Haute-Provence. Creusée dans le sel (!) à 300 mètres de profondeur, elle est composée de 28 réservoirs qui ont une capacité totale de 8,5 millions de mètres cubes. Un peu comme si on avait enterré une trentaine de *supertankers* en plein parc naturel régional du Lubéron provençal.

En cas de crise majeure et de rupture brutale de la chaîne de l'or noir, qu'on se rassure, la France ne sera pas obligée de s'éclairer à la bougie ou de circuler à cheval !

PUITS DE PÉTROLE ET STOCKS STRATÉGIQUES

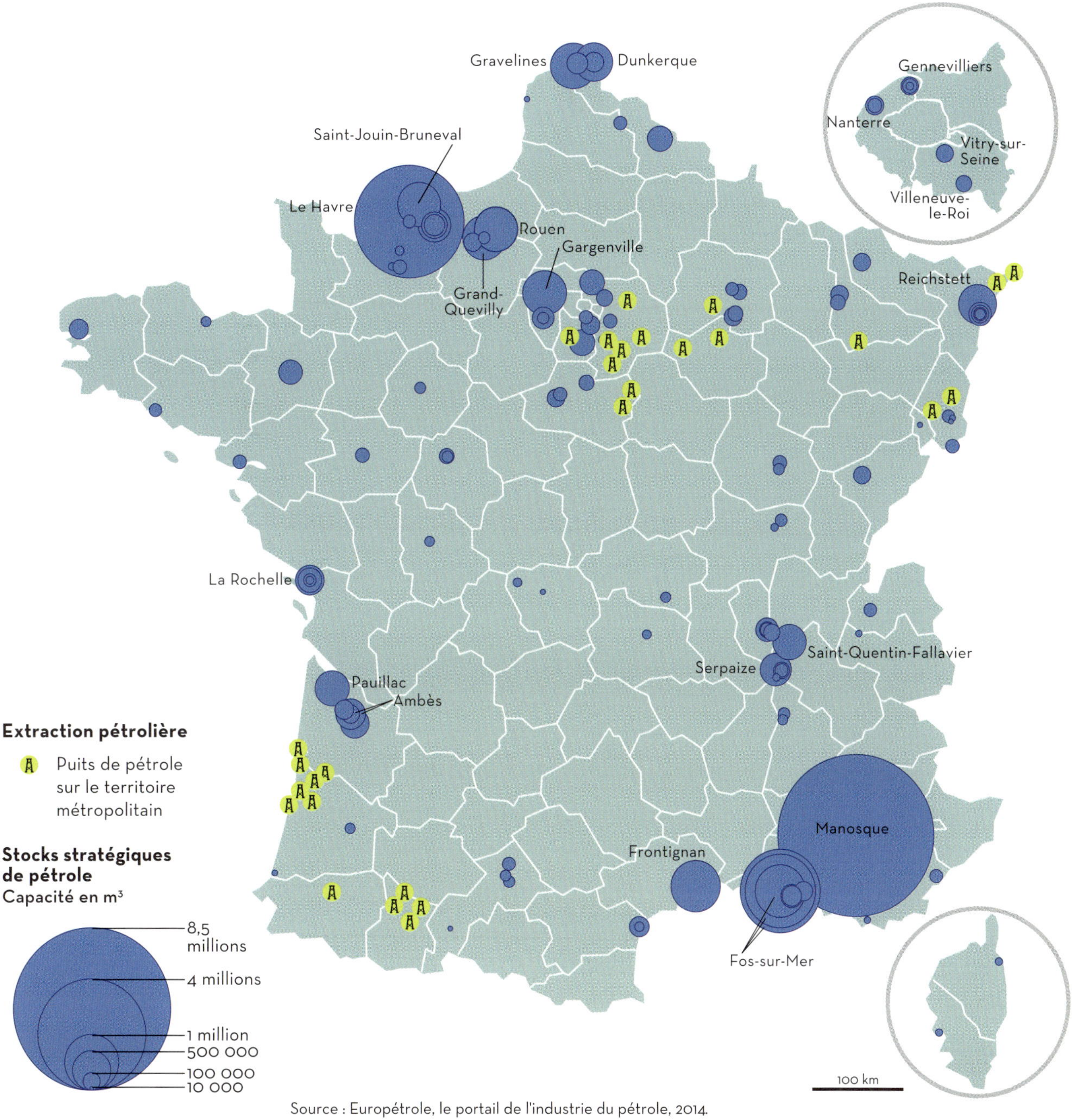

Source : Europétrole, le portail de l'industrie du pétrole, 2014.

6
MONDE

Jacques a dit ACADIE

Vu de France, on croit souvent que Québécois et Cajuns de Louisiane sont les uniques francophones d'Amérique du Nord. Mais en fait, c'est beaucoup plus compliqué ! Rien qu'au Canada, on trouve aussi les Acadiens, les Brayons, toutes sortes de « Franco-quelque-chose » (Franco-Colombiens, -Manitobains, -Nunavois, -Ténois, -Yukonais...) et enfin les Fransaskois du Saskatchewan (à prononcer dix fois le plus vite possible).

Aux États-Unis, il faut aussi compter les Indiens houmas, les Créoles louisianais, les Haïtiens... en tout 1,6 million d'Américains parlent le français à la maison. Certaines villes de l'État du Maine sont même majoritairement francophones : c'est le cas de Frenchtown (la bien nommée) où l'on parle français à plus de 80 % !

Toutes ces communautés d'Amérique du Nord cultivent leurs différences et aucune ne parle tout à fait le même français : français québécois, français terre-neuvien, français acadien, cajun, créoles divers et variés... À ce compte-là, ce n'est plus la francophonie, c'est la cacophonie !

Mais un contact aussi rapproché avec les anglophones favorise le mélange. Au Canada, certains parlent le « chiac », une langue totalement hybride. Exemple : « Ça va êt'e right dla fun. » Traduction : « Ça va être vraiment cool. » Euh pardon : « Ça va être vraiment chouette. »

LES FRANCOPHONES D'AMÉRIQUE DU NORD

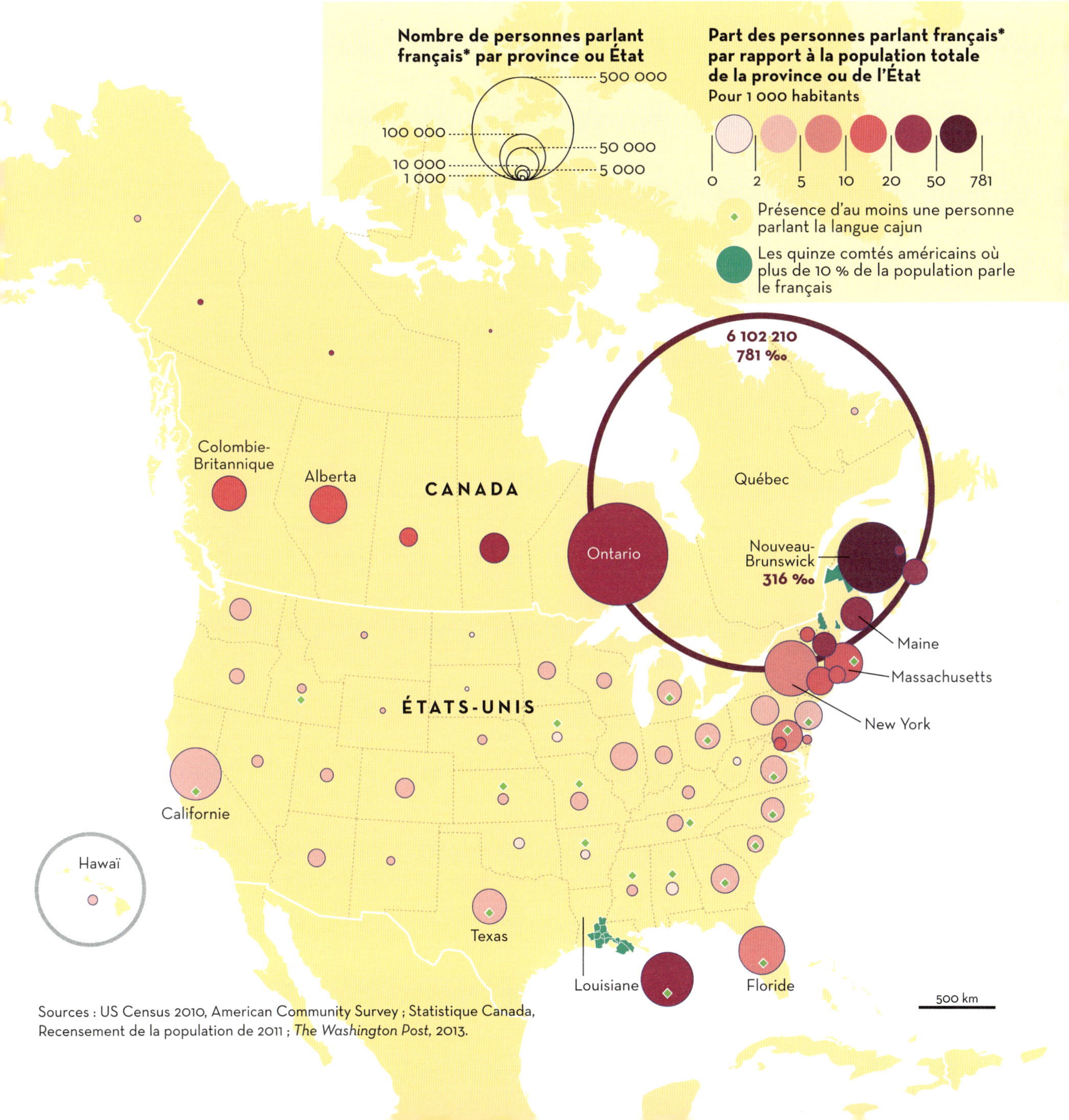

Sources : US Census 2010, American Community Survey ; Statistique Canada, Recensement de la population de 2011 ; *The Washington Post*, 2013.

L'Alain Delon DU RAVAILLAC

Tôt le matin, réveil difficile. À chaque battement de votre cœur, il y a comme un *kastet* qui tape à l'intérieur de votre crâne. C'est clair, hier soir, vous n'avez pas bu que de la *vichy*.

Vous repensez à cette fille. Au début, vous avez cru qu'elle était une *sharmoutah*. C'est bête les clichés : parce qu'on a des *décolletés* de 15 centimètres de talon, on est forcément un *ötobus*? Vous avez discuté avec elle. Au début, innocemment. Et puis son *flux de bouche* vous a touché : le *futre* que vous êtes est tombé amoureux. Comme toujours dans ces cas-là, vous avez perdu vos moyens. Vous avez bu… beaucoup… sans manger autre chose que des *couverts*… Inévitablement saoul, vous avez fait un *fopaa*. Que s'est-il passé exactement ? Il vous faudrait un *acordeon* pour répondre… La seule chose dont vous vous souvenez, c'est que la *budin* était *kokelico* et qu'elle s'est tirée…

Vous vous levez enfin. Et enfilez votre *chambre*. Dans l'embrasure de la porte, vous fixez un long moment le *milieu* de votre table basse, accusant le coup de cette mésaventure.

Vous décidez finalement d'oublier tous ces *smafus*. Une seule question vous taraude désormais : aurez-vous la force de vous habiller et d'enfiler votre *Alain Delon* pour descendre acheter un *napoleonka* à la boulangerie d'en face? Au petit déjeuner, avec un *melange*, vous avez toujours adoré. De quoi vous consoler, bien au chaud dans votre *retiré*. Enfin, vous commencez à vous sentir *salopp*.

LES MOTS FRANÇAIS DANS LES LANGUES ÉTRANGÈRES

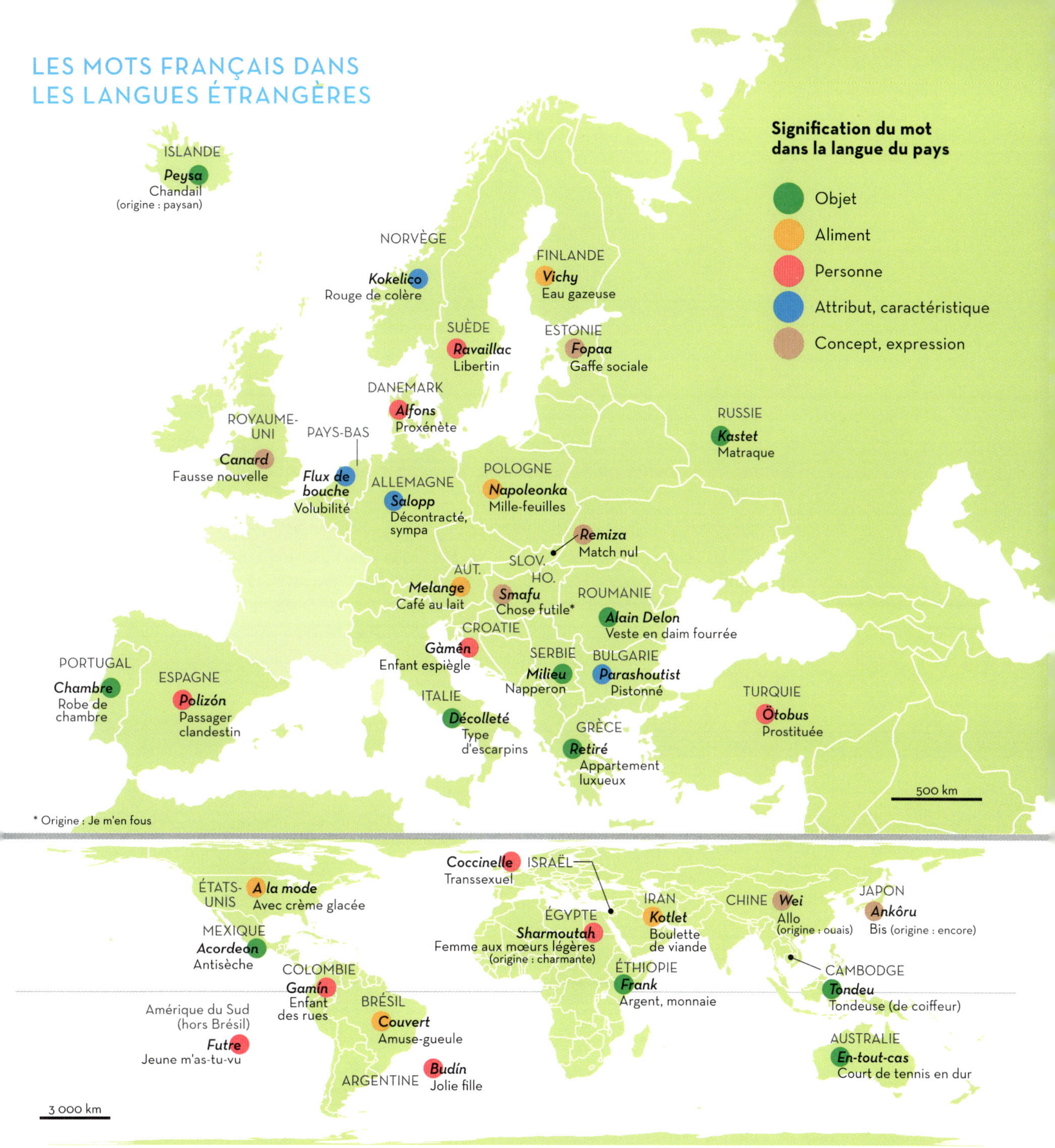

Source : F. Resplandy, *My rendez-vous with a femme fatale. Les mots français dans les langues étrangères*, Seuil, coll. Points « Le goût des mots », 2007.

États des RÉGIONS

Que se passerait-il si on déplaçait la population de chacune de nos bonnes vieilles régions françaises vers des pays ayant quasi le même nombre d'habitants (qu'on expulserait au passage pour faire bonne figure) ?

Certains ne seraient pas trop dépaysés, comme les Martiniquais troquant leurs plages de rêve contre celles des Bahamas. Quelques-uns toucheraient le jackpot en investissant (c'est le cas de le dire) des pays riches en pétrole : Bas-Normands échangeant leur calva contre de l'or noir au Gabon ou Picto-Charentais partant au Qatar. Ségolène Royal à la tête du PSG, qui dit mieux ? Pour d'autres, ce serait quand même plus dur : allez donc annoncer aux Champenois qu'ils vont devoir faire du champagne en Estonie, où il peut faire -20 °C !

Mais les vrais poissards dans l'affaire seraient quand même les Languedociens, obligés d'écouter du reggae à longueur de journée, quelle horreur ! On ne serait même pas sorti d'affaire en unissant cette région avec celle de Midi-Pyrénées car c'est en Érythrée et en Éthiopie, sa voisine, qu'on trouve les racines du mouvement rasta…

Quant aux Limousins, si on ne les marie pas avec le Centre, une expérience sûrement étonnante les attend : le Bhoutan est en effet le premier pays à avoir remplacé le PNB par le BNB, ou « bonheur national brut ». La revanche de l'Être sur l'Avoir, qui manque tant aux pays occidentaux.

LA POPULATION DES RÉGIONS FRANÇAISES COMPARÉE À CELLE DES PAYS DU MONDE

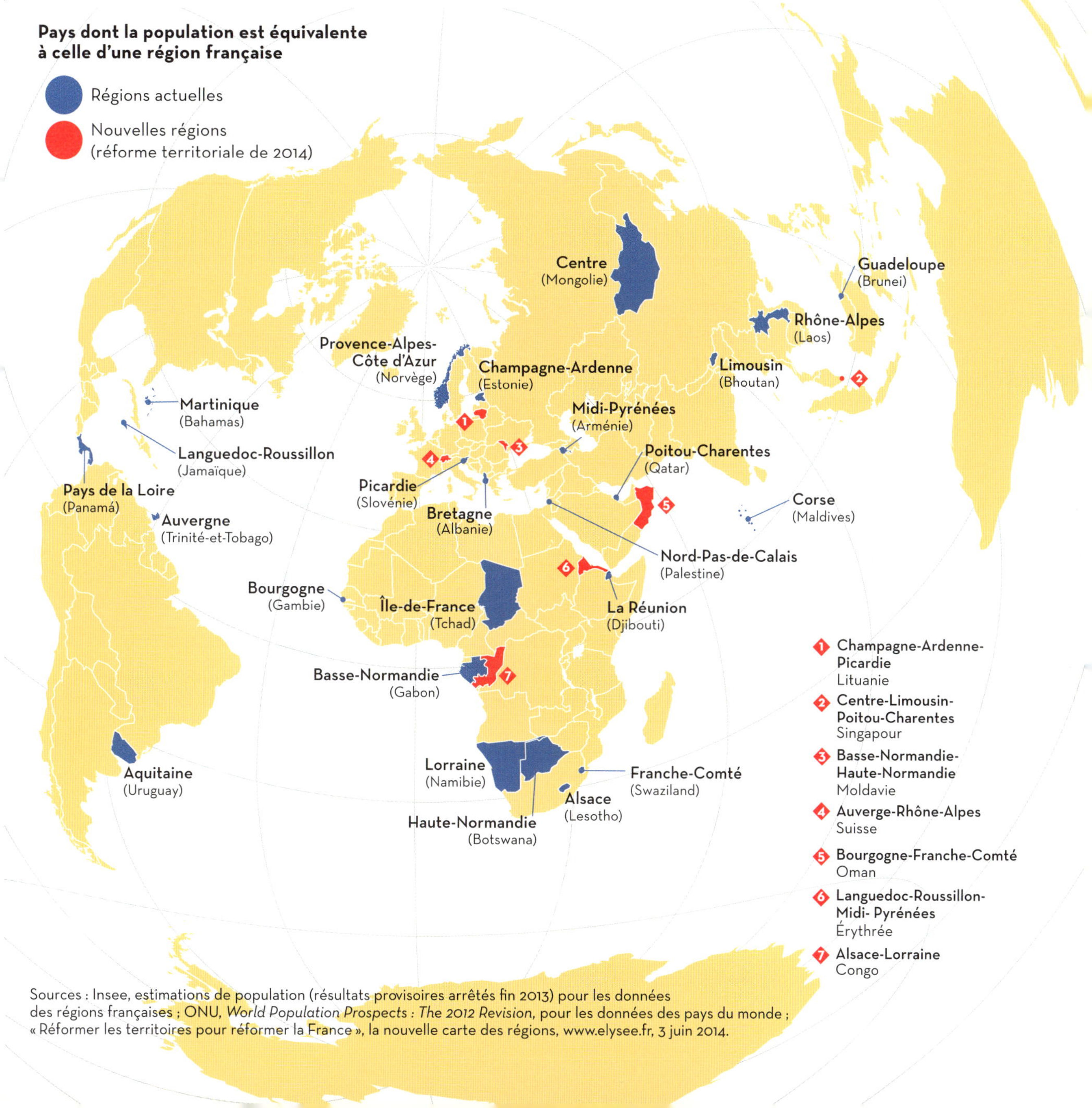

Sources : Insee, estimations de population (résultats provisoires arrêtés fin 2013) pour les données des régions françaises ; ONU, *World Population Prospects : The 2012 Revision*, pour les données des pays du monde ; « Réformer les territoires pour réformer la France », la nouvelle carte des régions, www.elysee.fr, 3 juin 2014.

K 10

Scrabbla-BLA

Pour faire rayonner la langue française au-delà de nos frontières, il y a bien mieux que l'Organisation internationale de la francophonie : il y a la Fédération internationale de Scrabble® francophone. Créée par un Belge en 1978, elle a pour mission de coordonner les 27 fédérations nationales, d'éditer le dictionnaire officiel du Scrabble (le fameux ODS) et d'organiser chaque année les championnats du monde.

Au 26 juin 2014, alors qu'un Français, Antonin Michel, caracolait en tête du classement mondial de Scrabble « duplicate » (une variante qui supprime du jeu le facteur hasard), c'était un Congolais, Parfait Mouanda, qui était le meilleur en Scrabble « classique ». Un autre Congolais (de République démocratique du Congo cette fois), France Iyelakongo, pointait en neuvième position en classique, alors même que son nom, qui contient un y et un k, rapporte 29 points, soit 20 de plus que Mouanda. C'est bizarre ce classement.

Parlons record maintenant : pour en établir, des petits malins s'amusent à fabriquer des parties. À ce petit jeu, le coup le plus cher jamais constaté est de 1 797 points, grâce au mot « déshypothéquiez » placé, bien sûr, sur trois mots « compte triple ». Bien plus que le véritable coup le plus cher de l'histoire qui n'est « que » de 329 points, avec le mot « surjetez ». Il a été établi le 23 novembre 2000 à Waterloo. Waterloo : 17 points.

LES PAYS MEMBRES DE LA FÉDÉRATION INTERNATIONALE DE SCRABBLE® FRANCOPHONE

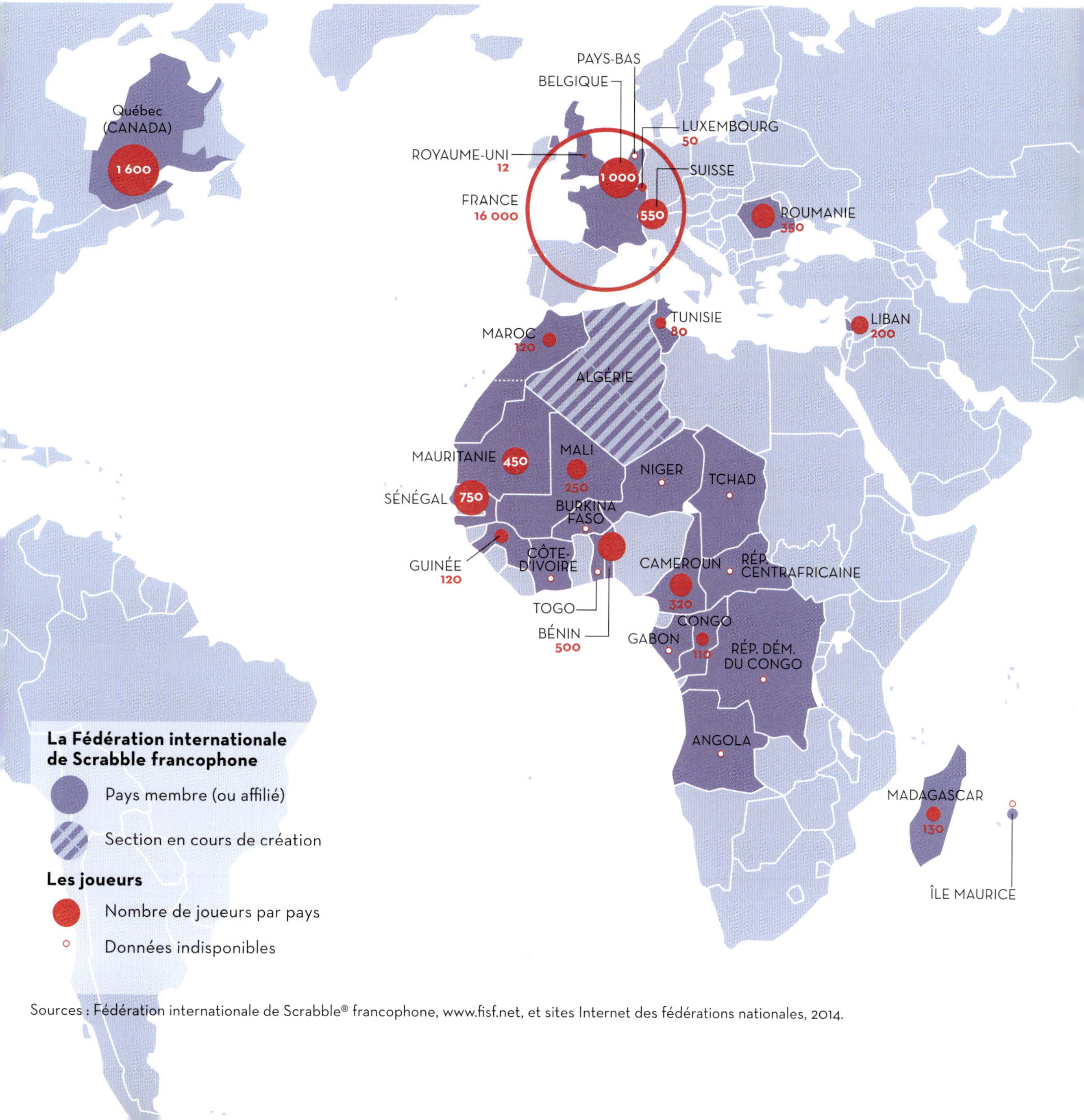

Sources : Fédération internationale de Scrabble® francophone, www.fisf.net, et sites Internet des fédérations nationales, 2014.

Comment dit-on « Putain, con » EN THAÏLANDE ?

La pétanque est un sport de haut niveau ! Elle rassemble d'ailleurs plus de 550 000 licenciés de par le monde dans 100 fédérations différentes : même le Népal tire et pointe !

Depuis 1959, on organise des championnats du monde qui réunissent la fine fleur de la boule. Et la France ne gagne pas toujours, loin de là ! Ce sont les Algériens qui, les premiers, remportent un titre mondial au nez et à la barbe des Français : c'était en 1964, seulement deux ans après la fin de la guerre. Malgré tout, la France domine « son » sport : toutes épreuves confondues, elle a récolté 89 médailles au niveau mondial, bien devant la Thaïlande, deuxième au classement.

Car l'autre pays de la pétanque, c'est curieusement la Thaïlande. Avec ses 67 millions d'habitants (presque autant que la France, heureux hasard), elle compte 40 000 licenciés. Pourquoi ?

C'est la reine mère Srinagarindra, de la famille royale thaïlandaise, qui chopa le virus de la boule lors de ses séjours en Europe. À son retour au pays, elle l'imposa comme sport national : aujourd'hui, les meilleurs joueurs ont des bourses universitaires, les médias suivent de près les tournois et il existe une équipe nationale payée par l'État. Les Thaïlandais sont tellement forts qu'ils ont hissé leur nation au premier rang du classement mondial en 2013. On connaissait la boulette thaïe, il y a désormais la boule thaïe.

NOMBRE DE LICENCIÉS DANS UN CLUB DE PÉTANQUE

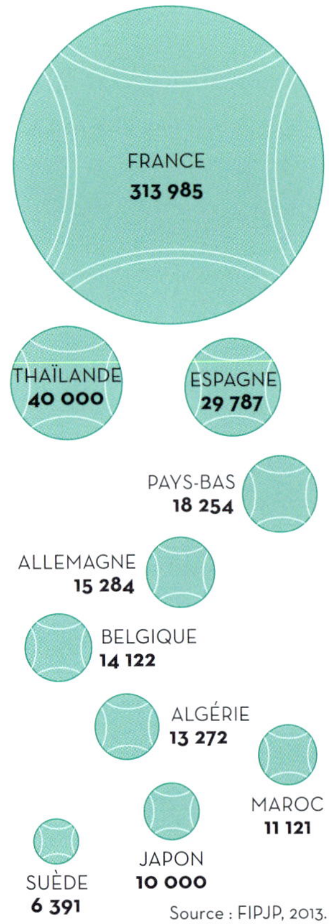

Source : FIPJP, 2013.

LA PRATIQUE DE LA PÉTANQUE DANS LE MONDE

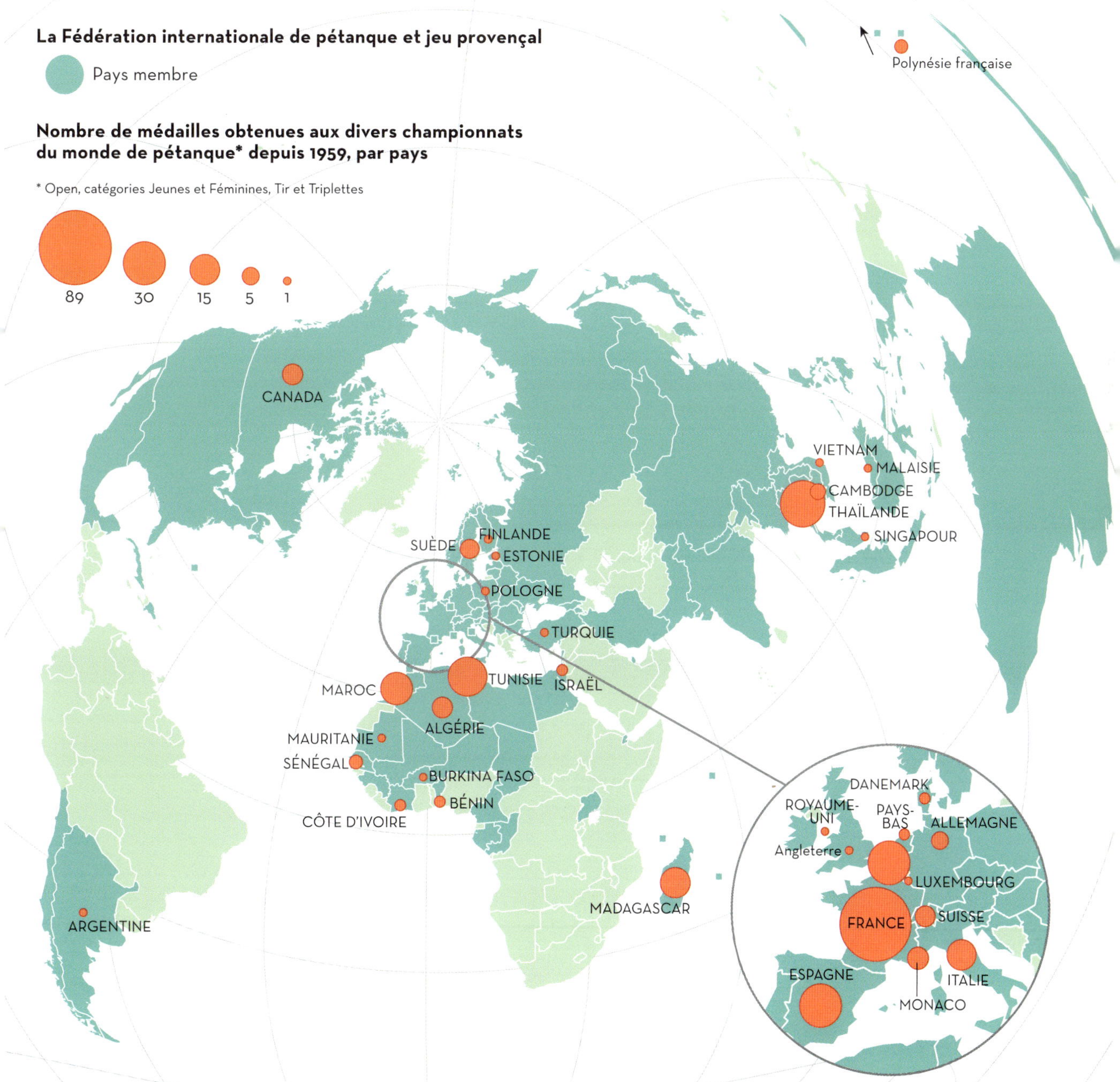

Source : Fédération internationale de pétanque et jeu provençal (données médailles arrêtées après Montauban 2013), 2014.

Astérix ET PÉRILS

Astérix et Obélix sont gaulois mais sont-ils vraiment français ? Une rapide analyse statistique des voyages qu'ils ont effectués peut nous aider. En effet, en trente-cinq aventures dessinées, nos deux compères se sont rendus dans dix-sept pays différents, pour certains plus d'une fois.

Comparons maintenant ces données avec les statistiques des pays que les Français visitent. En 2013, selon l'Ifop, 3 % des Français sont partis en Espagne pendant leurs vacances : Astérix et Obélix, eux, ont foulé une seule fois le sol d'Hispanie, soit dans 2,4 % de leurs aventures. C'est proche ! Malheureusement, ça ne marche pas toujours aussi bien. En 2013 toujours, seuls 2 % des Français sont partis en Grèce, alors que ce pays représente près de 5 % des déplacements du duo gaulois, qui s'y est rendu deux fois. En 2013 enfin, 5 % des Français ont choisi les États-Unis, tandis qu'Astérix et Obélix n'y sont allés qu'une fois, ce qui ne représente que 2,4 % de leurs destinations. Ça ne colle pas !

Alors, pas si français que ça, Astérix et Obélix ? Mais si ! Un chiffre dit tout : dix-neuf de leurs aventures se sont déroulées intégralement en Gaule (hors Corse), soit 45 % du total de leurs destinations. En 2013, 41 % des Français ont pris leurs vacances en France. Pas de doute, les Gaulois sont bien nos ancêtres !

LES VOYAGES D'ASTÉRIX ET OBÉLIX, LES GAULOIS

Sources : Albums d'*Astérix*, 1961-2013.

BIOGRAPHIES

Olivier Marchon est réalisateur indépendant. Il est l'auteur de deux ouvrages à succès : *Les carottes sont jetées. Quand les expressions perdent la boule* (Points, « Le goût des mots », 2007) et *Le Mont Blanc n'est pas en France. Et autres bizarreries géographiques* (Seuil, 2013). Il fait deux bises pour dire bonjour et joue volontiers au Scrabble®. Comme il a peur de l'avion, il préfère rester en France. Ca tombe bien, c'est le sujet de ce livre !

Aurélie Boissière est géographe-cartographe indépendante. Elle travaille régulièrement pour *Courrier international* et pour la collection « Atlas » des éditions Autrement. Elle a peur de l'avion également.

François Morel, le préfacier, est un comédien que l'on ne présente plus, enchaînant les succès au théâtre et au cinéma. Il est aussi auteur (de livres et de chansons), metteur en scène et chanteur. Chez Autrement, on l'adore.